사랑으로 행군하다

사랑으로 행군하다

조명숙

규장

● 탈북 동포들은 하나님께서 민족 통일을 위해 우리에게 예행연습을 할 수 있도록 보내주신 천사들입니다. 목숨을 걸고 탈북을 했고, 또 한 번 목숨을 걸고 치욕을 넘어서, 무수한 난관을 뚫고 그들은 우리에게 찾아왔습니다.

이제 2만 7,000명(2014년 통일부 자료 참조)이 되는 이들은 더 이상 우리 앞에 소수자가 아닙니다. 그들은 우리의 삶 가운데 여러 영향을 주는 매우 가까운 이웃입니다. 볼 수 없었던 먼 곳에 있던 그들이 우리의 삶까지 찾아왔습니다. 이들과의 교제를 통일을 준비하는 가교로 삼아 통일 후에 북녘 동포들을 껴안는 현장을 만드는 귀한 일을 준비해야 합니다. 함께 고민하고 알아가는 게 통일을 위한 예행연습의 첫걸음입니다.

그럼에도 우리와 많이 다르기에 그 다름을 참지 못하고 성급하게 '저들은 우리에게 손해만 끼치는 사람들이다'라고 매도하는 경우를 많이 봅니다. 그런데 가만히 그들의 눈을 보고 마음을 깊이 들여다보면 서로 통하는 지점을 발견할 수 있습니다. 사람이 변화되는 건 마음과 마음이 만날 때입니다. 그렇기에 우리는 그들의 마음을 읽는 법을 배워야 합니다.

탈북 동포들을 가장 깊은 사랑으로 대하고 마음으로 만나준 여명학교의 조명숙 교감선생님, 그녀가 살아온 삶의 고백이야말로 탈북 동포들을 진심으로 만날 수 있는 놀라운 축복의 통로입니다.

그들이 당했던 깊은 아픔에 함께 슬퍼하고, 또 그들이 잘못 되어가는 현장을 볼 때마다 안타까워서 그녀의 큰 눈에는 눈물이 마르지 않습니다. 이 여인의 눈물이 언젠가 축복으로 바뀌어 주께서 말씀하신 대로 슬픔 가운데

처한 자가 위로를 받고, 여러 고통스러운 현실과 마주하고 있는 우리 민족이 하나님의 위로를 만날 것을 믿습니다. 이 소망의 마음을 담아 조명숙 선생의 글을 여러분들과 나누길 원합니다.

홍정길(남서울은혜교회 원로목사, 평화와 통일을 위한 남북나눔 이사장)

● 분단 70년, 통일이 어디쯤엔가 오고 있는지 아니면 저만치 멀어져 가고 있는지 아득한 이때, 조명숙 선생이 여명학교 탈북 청소년들에게 행하신 하나님의 통일 이야기를 똑똑히 들려주니 기쁘고 시의적절하다고 생각합니다. 남편이 아내의 책에 추천글을 쓰는 게 팔불출로 보일지 모르지만 탈북자와 난민을 위한 사역을 그녀와 함께하면서 20년 동지로 내가 느낀 감동과 기쁨을 세상에 전하지 않을 수 없습니다.

그녀는 뛰어난 공감과 사랑 그리고 열정과 믿음의 사람입니다. 그래서 하나님과 사람들이 그녀를 좋아하는 것 같습니다. 빈민촌에서 벗어나기 위해 선택한 교사의 꿈을 외국인 노동자들을 위해 기꺼이 내려놓은 청년, 탈북자들의 죽음 앞에서 하나님의 마음을 보고 그들의 구출과 교육에 생명을 걸고 헌신한 운동가, 상처 입은 아이들이 아프기 때문에 자주 울고 사랑하여 아픔을 기쁨으로 변화시킨 교육자의 모습을 이 책에서 만날 수 있습니다.

그리고 뛰어난 직관과 통찰력을 지닌 그녀의 눈에 비친 여명학교 아이들의 모습을 봅니다. 그들은 단지 정착이 어렵고 많은 도움이 필요한 난민들이 아니라 하나님께서 그분의 나라를 위해 고난 중에 불러 '통일의 일꾼'이라는 독특한 임무를 주신 사명자들입니다.

그녀의 삶을 통해 탈북자들에게 역사하시는 하나님의 손길에 매일 감동합니다. 또한 책장을 넘기며 그들을 깊이 사랑하시고, 조명숙 선생과 여명학교 선생님들의 작은 기도에 세밀히 응답하시는 살아 계신 하나님을 다시

기억하며 눈물짓지 않을 수 없습니다.

그리고 책에 실린 수많은 간증들을 통해 하나님께서 우리의 연약함에도 불구하고 이 땅에 통일을 주시기 위해 오늘도 준비하며 일하고 계심을 확연히 느낄 수 있기에 가슴 먹먹한 기쁨으로 추천합니다.

이호택 (사단법인 피난처 대표)

● 대한민국에 들어온 탈북민을 돌보는 건 우리 모두가 나눠서 져야 할 의무입니다. 우리와 한 민족인 그들을 돌볼 나라는 우리 말고는 세계 어디에도 없기 때문이죠. 그런데 쉽지가 않습니다. 생김새도 조금씩 달라 보이고, 말투도 어색하고, 무엇보다 그들에게 끝없이 주기만 해야 할 것 같아 미래가 없는 일이라고 느껴질 수 있습니다.

하지만 우리 자녀들이 살아갈 미래의 대한민국을 떠올리면 생각이 조금 달라집니다. 우리가 물려줄 유산에는 땅과 재산과 지식과 문화재뿐 아니라 이웃도 포함되기 때문이지요. 미래에 이 땅에서 자녀들과 함께 살게 될 이웃을 돕는 일이라고 생각하면 그들이 이곳에 잘 정착하여 선량한 이웃으로 살 수 있도록 힘껏 도와야 합니다. 조명숙 선생님을 비롯한 여명학교 선생님들이 바로 그런 이웃을 만드는 일을 하십니다.

누군가가 무슨 말을 할 때, 그의 진정성을 확인할 수 있는 유일한 방법은 말하는 이의 입을 보지 않고 삶을 보는 것입니다. 조명숙 선생님은 지난 20년간 오로지 탈북자와 탈북 학생들을 위해 삶을 바쳤습니다. 우리를 대신해 가기 싫은 곳으로 갔고, 우리가 돌보기 꺼리는 학생들을 돌봤습니다. 우리를 대신해 평화로운 미래를 위한 희망의 불씨를 꺼뜨리지 않고 간직해 온 그녀의 이야기를 이 책을 통해 만나보시죠.

차인표 (연기자)

● 사선(死線)을 넘으며 탈북자들을 도왔고, 자신의 삶을 헌신하며 이 땅의 탈북 청소년을 섬기는 여장부 같은 조명숙 교감선생님, 사실 그녀는 '울보' 입니다. 매년 열리는 '여명의 날'을 진행하는 제 눈에 들어온 건, 무대 아래에서 눈물이 그렁그렁 맺힌 눈으로 수건을 적시던 그녀의 모습이었습니다. 죽을 고비를 넘기고 남한으로 온 아이들이 무대 위에서 공연하는 게 기적이라며 공연 내내 그 눈물을 멈추지 못했습니다. 저는 그 눈물에서 하나님 아버지의 눈물을 보았습니다. 그 눈물을 돋보기 삼아 북녘 땅을 향한 아버지의 애절한 마음을 명확하게 읽을 수 있었습니다.

그녀는 저를 '미모의 라이벌'이라고 말합니다. 하나님의 마음을 시원케 하는 그녀에게 그리 불릴 수 있다니 영광입니다. 더욱 정진하여 몸과 마음의 아름다움을 가꿔 평생 곁에서 그 자리를 고수하고 싶습니다. 왜냐하면 그녀와 여명학교에 하나님의 마음이 계시다는 걸 눈치 챘기 때문입니다. 저역시 믿음을 삶으로 실천하는 그녀를 통해 이루어가실 하나님 아버지의 기적의 증인이 되고 싶습니다.

서독의 콜 전 총리도 통일 3일 전까지 전혀 예측하지 못했다는 베를린 장벽의 붕괴, 인간의 머리로는 계산되지 않는 역사의 큰 물줄기가 우리에게 언제 도달할지 아무도 알지 못합니다.

이 책은 우리가 왜 하필 지금 이때 허리가 잘린 이 땅에 태어났는지 각자의 사명을 발견하는 계기가 되어줄 것입니다. 나는 통일을 위해 무엇을 할 수 있을지, 작은 나의 '1'은 무엇인지 그녀는 이 책 속에서 제게 계속 질문했습니다. 그리고 이 책을 펴는 바로 당신에게 그 질문을 건네고 있습니다.

방현주(MBC 아나운서)

선물로 보내신
통일의 씨앗들

나는 고상하거나 심오한 철학을 가진 사람이 아니다. 가끔 철없어 보일 만큼 명랑하고 밝은 성격에 '재미있는 삶이 최고'라고 생각하는 사람이다. 사역이 재미없고 힘들게 느껴지면 "인생 뭐 있어" 하며 제일 먼저 도망갈 사람이다. 그런데 북한 사역은 내게 하나님과 동행하는 게 얼마나 생동감이 넘치고 흥미진진한 것인지 알게 해줬다.

이 책은 지난 20년간 탈북 동포들을 구출하고, 여명학교를 섬기면서 배웠던 이야기를 정리한 것이다. 나는 이 사역을 하면서 하나님께서 탈북 형제들을 통해 직접 통일을 준비하고 계신다는 걸 깨달았다. 그분이 귀한 아이들을 어떻게 만나게 하셨는지, 또 아이들이 이 땅에서 어떻게 적응해가고 있는지 알리고 싶었다.

내가 여명학교를 섬기면서 눈치 챈 것은 이곳에 하나님의 특별한 의지가 있으시고, 그분이 탈북 동포들과 학교에 아주 가까이 귀를 대고 있으시다는 것이다. 다른 기도는 더디 들어주셔도 여명학교 아이들의 기도는 바로 응답해주셨다. 그런 많은 간증을 통해 하나님께서 이 작은 학교를 얼마나 사랑하시며, 통일의 과정에서 얼마나 중요하게 여기시는지 알게 되었다.

　탈북 동포들을 단지 '살려고' 우리의 생활권에 이주한 사람이라고 생각하는 것은 하나님의 섭리를 외면하는 것이다. 그들이 살려고 온 것은 사실이지만, 이곳까지 오려면 기적이 있어야만 가능했다. 그 기적을 허락하셔서 이곳까지 보내신 분이 하나님이시다. 하나님께서 죽을 고비를 여러 번 넘기게 하면서까지 지명하여 이곳에 보내신 사람들이 그들이다. 많은 북한 동포들이 안타깝게 죽어갈 때 하나님께서 그들을 살려서 보내신 이유가 있을 거라고 나는 생각하며 그 비밀을 찾아갔다.

　1990년대 후반 '고난의 행군'(국제적 고립과 자연재해로 겪은 경제적 어려움을 극복하기 위해 제시한 구호) 시기라고 불리던 때, 북한에서 300만 명이 사망했다고 한다. 이것은 당시 북한 인구 2천 만 명의

15퍼센트에 달하는 수이다. 또한 이는 6·25 전쟁 때 남한군과 북한군과 유엔군과 중공군의 전사자(戰死者)를 합친 118만 8,168명(국방부 자료)보다 두 배 이상 많은 수이다. 또한 최빈국인 에티오피아에서 1983년에서 1985년까지 아사(餓死)한 100만 명의 세 배에 달한다.

전시(戰時)도 아닌데 북한에 이런 사상 초유의 고난이 있었다는 걸 어떻게 이해해야 할까? 이는 하나님께서 허락하지 않으시면 결코 있을 수 없는 일이었다고 생각한다. 그분이 자녀들의 고통과 핏값을 지불하면서까지 이루고자 하신 일은 무엇일까? 이런 역사적 사실을 통해서 뿐 아니라 지난 20년간 현장에서 탈북 동포들을 만나면서 나는 하나님께서 통일을 반드시 이루고자 하신다는 걸 절감했다.

우리는 하나님의 사역인 '성령 통일'의 동역자가 되어 '고난의 행군'을 겪은 북한이탈주민들에게 하나님의 사랑을 실천함으로써 통일을 준비하는 '사랑의 행군'을 경험하게 하고, 서로 연합함으로 하나님이 보시기에 선하고 아름다운 통일의 역사를 이루어가야 할 것이다(시 133:1 참조).

가만히 놔두셨으면 변두리에서 다방 마담이나 했을지 모를 나를 택하셔서 귀하고 가슴 뛰는 일을 맡겨주신 하나님께 이 책을 올려

드리며 모든 영광을 바친다. 이 책이 우리로 하여금 탈북 형제들을 더 잘 이해할 수 있게 해주고, 통일을 준비하는 데 디딤돌이 되었으면 좋겠다.

여명학교를 위해 후원과 기도를 아끼지 않는 모든 후원자들과 진흙 더미를 뒤집어쓰고 있던 나를 보석처럼 여겨주신 홍정길 목사님, 그리고 아무것도 아닌 사람의 책을 내주는 규장출판사의 여진구 대표께도 감사의 마음을 전한다.

내가 늘 하나님만 바라볼 수 있게 하는 남편과 엄마를 탈북 청소년들에게 나눠준 아들과 딸, 아무 도움이 되어드리지 못하는 나를 따뜻하게 품어주시는 시댁과 친정 부모님과 형제들에게 감사하고 미안하다.

또 이 시간에도 중국과 제3국에서 탈북 형제들을 살리기 위해 죽을 고비를 넘나들며 사역하는 모세와 한나를 비롯한 이름 없는 선교사님들과 한국에서 탈북 동포들을 돕고 있는 많은 분들에게 존경의 마음을 전한다. 그 누구보다도, 통일이 되기 전에 목숨을 걸고 우리 곁에 와준 탈북 형제들에게 진심으로 존경하고 사랑한다고 말하고 싶다.

3 Part 희망을 향해 가다

* 일러두기
이 책에 나오는 탈북자들과 여명학교 학생들 이름은 모두 가명임.

넘어져도
다시 일어나 사랑하라

시련과 자기 부인

자기를 버리고 십자가를 진다는 게 어떤 의미인지 여명학교에 있으면서 느끼곤 한다. 특별히 하나님께서 원하시는 일을 할 때는 큰 영적 전쟁을 치르게 된다. 그중 가장 격렬하게 겪은 게 2012년 2월 '탈북자 강제북송 반대 캠페인'을 할 때였다.

캠페인이 있기 몇 달 전, 초대 교장선생님이 간암 재발로 퇴직하시면서 새 교장선생님이 오시기 전까지 내가 학교 운영의 전반을 책임지게 되었다. 산더미 같은 일이 나를 압박해왔고, 아이들의 가족들이 북송되는 사건까지 터지니 정신이 하나도 없었다. 그런데 북송 반대 캠페인이 있기 일주일 전부터 나와 관련된 모든 관계에서 문제가 생기기 시작했다.

나는 가난한 집의 장남 같은 딸이지만 사역을 한다는 이유로 친정 부모님을 제대로 보살펴 드리지 못했다. 그래서 친정은 늘 내게 아리고 아픈 부분이었다. 젊은 시절 술만 드시면 폭력성을 보이던

14

아버지는 연세가 들어 당뇨병과 고혈압을 앓게 되면서 술을 거의 끊었다. 또 친정어머니는 대장암을 앓고 있어서 늘 건강을 조심해야 하는 상황이었다.

그런데 캠페인이 있기 일주일 전에 친정아버지가 평소 거의 마시지 않던 술을 마시고 어머니에게 상해를 입혔다. 이 상황을 지켜 보던 동생이 아버지와 전쟁 같은 싸움을 했다. 나는 소식을 듣고 바로 달려갔다. 어머니는 아파서 누워 있었고, 아버지는 평소 내가 알던 눈빛이 아니었다. 나는 어머니를 먼저 병원에 입원시키고, 고민 끝에 언니와 동생들과 상의하여 아버지도 알코올중독 전문 병원에 입원시켰다.

나도 어릴 때부터 아버지의 그런 폭력을 수없이 겪었지만 술에서 깨면 늘 민망해하시던 모습에 한 번도 병원에 모실 생각은 하지 않았다. 연로한 아버지를 병원에 입원시키고 마음이 내내 편하지 않았다. 당시 캠페인만 아니었다면 어떻게든 다르게 문제를 풀었을 것이다. 그런데 내가 아버지 문제에 뛰어들면 예정했던 캠페인을 할 수가 없었다. 그래서 사역을 위해 개인적인 일은 일단 뒤로 미루기로 했다.

아버지를 입원시키고 돌아 나오는데 갑자기 다리에 힘이 풀려 병원 바닥에 주저앉았다. 그리고 통곡이 터져 나왔다. 술에서 깨어나 당황해 할 아버지를 생각하니 가슴이 아팠다. 하지만 나는 마음을 굳게 먹고 다시 캠페인을 준비했다.

한창 바쁘게 일하고 있는데 아들에게서 전화가 왔다.

"엄마, 지금 통화할 수 있어?"

"지금 많이 바쁜데… 급한 일이 있으면 아빠한테 전화해 봐."

나중에 알고 보니 아들이 억울하게 절도죄를 뒤집어쓰고 현행범으로 잡혀 경찰서에 가고 있을 때 전화한 것이었다. 당시 아들은 초등학교 6학년이었는데 집 앞에서 연행되었다. 미성년자를 부모의 동의도 없이, 그것도 도주의 염려가 전혀 없는데도 경찰차에 태웠다는 건 있을 수 없는 일이었다.

어이없게도 아들의 죄명은 '자전거 절도'였다. 필요 이상으로 검소한 남편은 늘 버려진 물건을 집에 가져와 고쳐 쓰곤 했다. 동네 여기저기에 버려진 3대의 자전거에서 쓸 수 있는 부분을 잘라내어 한 대로 만들었다. 아들이 그 자전거를 타고 다니는 것을 지나가던 사람이 보고 한 달 전에 자신이 잃어버린 자전거라며 경찰에 신고한 것이었다.

남편이 뒤늦게 연락을 받고 부랴부랴 경찰서에 가서 상황을 설명했는데 오히려 일이 더 꼬여버렸다. 버려진 자전거를 주워서 조립했다고 하니 더 의심을 받게 된 것이다. 자전거를 만든 시기도 6개월이 넘었으니 증명할 길이 없었다. 내가 이 일에 관여해야 했지만 그럴 상황이 아니었다. 나는 아들을 불러 말했다.

"엄마가 정말 미안한데… 조금만 참고 아빠와 문제를 풀어. 우리가 잘못한 게 하나도 없으니깐 시간이 지나면 다 밝혀질 거야. 알았지? 엄마가 하나님께서 원하시는 일을 하니까 사탄들이 이런 일을 만드는 거야. 이건 사람이 할 수 있는 게 아니니 억울해하지 말고 기도하면서 풀자!"

그런데 다음 날 또 다른 사고가 터졌다. 우리 아이들을 돌보시느라 외출을 거의 못하시는 시어머님이 한 달에 한 번씩 남편의 큰어머니와 막내 고모님을 만나 회포를 푸시는 날이었다. 그런데 그날, 고모님의 손녀가 대기업에 취직하여 첫 출근을 하다가 횡단보도에서 교통사고로 유명을 달리하게 되었다. 사고를 낸 사람은 대리운전기사였는데 공교롭게도 탈북 형제였다. 밤새 일을 하고 집에 가던 길에 사고를 낸 거였다.

고모님은 "탈북자가 내 새끼를 죽였네"라며 우시고, 어머님도 같은 말씀을 하셨다. 나는 일어나는 일의 강도가 점점 강해지는 걸 보면서 더 열심히 기도했다.

캠페인이 있기 이틀 전인 그다음 날 아침, 나는 심한 한기를 느끼며 잠에서 깼다. 2월의 추운 새벽에 보일러가 고장난 것이었다. 기술자가 와서 보일러 문제가 아니라 바닥에 물이 새서 난방이 되지 않는 거라고 했다. 그래서 엄동설한에 바닥 공사를 해야만 했다. 여기저기 추측을 하며 거실 바닥의 콘크리트를 깼지만 누수(漏水)되는 곳을 찾아내지 못했다.

캠페인을 준비하고 자정이 다 되어 집에 들어와보니 집안은 냉골이었고, 바닥은 여기저기 뜯어져 있어서 어수선했다. 나는 '정말 영적 전쟁이 이런 모습이겠구나'라고 생각하며 기도했다. 하나님께서 이 상황을 인도해주시지 않으면 정말 큰일이었다. 그러고는 자리에 누웠다.

그런데 방바닥에서 시냇물 흐르는 소리 같은 게 들렸다. 머리맡에 성경책을 두고 자는데 그 부분에서 마치 청진기를 대고 듣는 것처럼 물소리가 크게 들렸다. 순간 나는 어머님께 큰소리로 말했다.

"어머니, 내일 기술자가 오면 여기를 뜯어달라고 하세요. 여기가 새는 것 같아요."

다음 날, 출근해서 캠페인 홍보를 위해 언론사에 연락하고 있는데 어머님이 전화를 하셨다.

"정말 거기가 샌 거였어. 다 고쳤으니 오늘은 뜨뜻하게 잘 수 있을 거다."

나는 이런 일들을 보며 하나님의 크신 일에는 그에 맞는 시련이 존재한다는 것과 자기를 부인한다는 의미와 사역을 함에 있어 무엇을 선택해야 하는지를 알게 되었다.

하나님나라를 먼저 구하라

　사역을 하면서 때때로 하나님께서 내게 사역이나 개인적인 일 중에 하나를 선택하게 하실 때가 있다. 그때마다 힘들지만 이를 악물고 사역을 선택하면 하나님은 반드시 기적을 베풀어주셨다.

　2013년 '여명의 날' 행사는 나와 우리 가족에게 아프지만 행복한 간증이 되었다. 늘 그렇듯이 후원의 밤에는 지인들뿐 아니라 온 가족이 총출동한다. 특히 나를 대신하여 아들과 딸을 챙겨주시는 시어머니는 꼭 모시고 간다. 어머님이 희생하신 대가로 내가 여명학교를 섬길 수 있었기에 탈북 청소년들이 예쁘게 자란 모습을 꼭 보여드리고 싶어서 나는 맨 앞줄에 자리를 마련해둔다.

　여명의 날에 출연하는 분들도 무료로 봉사해주시기에 정성을 다해 잘 챙겨드리려고 한다. 그날은 차인표 씨가 동생의 죽음 이후 처음으로 행사에 참여해주서서 그 감사함이 다른 날보다 더 했다. 그런데 그의 순서가 되기 직전에 시댁 형님에게 전화가 왔다. 나는 행사를 진행해야 했기에 문자메시지를 보내놓고 전화는 받지 않았다. 그런데 계속되는 전화에 이상한 기분이 들었다. 왠지 전화를 받으면 행사를 마치지 못하고 달려가야 할 것만 같았다. 그래서 애써 받지 않았다.

그러다 차인표 씨의 순서가 끝나고 온 전화를 받았다. 조카가 울며 말했다.

"아버지께서 사고로 돌아가셨어요."

시아주버니가 돌아가신 거였다. 나는 기가 막혀서 더 이상 묻지도 못하고, 조용히 남편을 불러 어머니가 놀라시지 않게 모시고 병원으로 가라고 했다. 남편은 "아직 복음을 못 전했는데… 주여!" 하며 소리를 내서 울었고, 나는 행사 중이라 그의 입을 막았다.

나는 남은 행사 내내 기도밖에는 할 수 있는 게 없었다. 정신이 아득하여 어떤 순서들이 남았는지 보이지도 않았다. 무사히 모든 순서가 끝나고 택시를 타고 아주버님이 계시는 병원으로 가는데, 그제야 눈물이 흘렀다.

아침에 집에서 나간 분이 갑자기 사고로 돌아가셨기에 가족들은 믿기지 않았고, 참담할 수밖에 없었다. 아주버님은 살림도 못하고 시어머니를 고생시키는 제수씨였지만 나를 당신의 며느리처럼 예뻐하셨다. 내가 남편과 열한 살의 나이차가 있고, 아이들도 늦게 낳아서 나를 며느리처럼 여겨주시고, 우리 아들과 딸은 손주처럼 자신의 무릎에서 내려놓질 않으셨다.

남편의 집안은 불교가 강했고, 네 형제 중 둘째인 남편이 처음으로 예수님을 영접했다. 막냇동생은 1급 장애인으로 평생 누워만 있다가 남편이 복음을 전하여 예수님을 영접하고 소천했다. 하지만 다른 형제들은 여전히 신앙이 없었고, 첫째 형수와 셋째 제수씨는 독실한 불교신자였다. 나는 집안 식구들을 먼저 전도해야 된다는 걸 알고는 있었지만, 사역을 할 수 없을 정도의 영적 전쟁을 치르게 될 거라 생각하고 계속 미루고 있었다.

신실한 남편이 복음을 늘 전했지만 형제들은 받아들이지 않았고, 나는 그런 모습들이 민망하여 남편에게 자제를 부탁했다. 그런데 큰형님에게 복음을 제대로 전하지 못한 채 사고가 생겨 허망하게 돌아가신 것이었다. 나는 때를 얻든지 못 얻든지 복음을 전파해야 된다는 말씀을 되새기면서 회개했다. 그리고 그 죽음을 눈치 챘음에도 전화를 받지 않은 것과 행사 때문에 즉시 달려가지 못한 것들 때문에 심한 죄책감이 들었다.

그런 마음으로 택시를 타고 가는데 택시 앞 유리창에 몇 초 정도 환상이 보였다. 그때가 저녁 7시쯤이었는데 아주 남루한 모습을 한 아주버님이 하늘로 올라가시는 모습이었다. 그러더니 떨리던 내 마음이 갑자기 편안해졌다.

병원에 도착하니 황망해하는 어머니와 형수 뒤에서 남편이 편안한 모습으로 서 있었다. 그러고는 내게 말했다.

"됐어, 형이 응답했어!"

심장 정지 환자인 경우에 원래는 30분 정도 심폐소생술을 하다가 소생하지 않으면 사망한 것으로 판단하고 안치실로 보낸다고 한다. 그런데 남편이 도착할 때까지 병원에서는 3시간가량 심폐소생술을 하고 있었다. 남편이 도착하자마자 마지막으로 심폐소생술을 했는데 이때 심장이 약 5분 동안 뛰어서 남편이 사력을 다해 기도하며 하나님을 전하자 갑자기 그의 마음에 안정이 온 후에 아주버님의 심장이 멈추었다고 한다.

남편은 하나님께서 형님이 마지막으로 천국에 가는 기회를 기적처럼 허락하신 거라고 기뻐했고, 나는 바로 그 시간이 내가 몇 초 동안 환상을 봤던 그때임을 알게 되었다. 우리 부부는 하나님께 감사의 기도를 올렸고, 천국 소망으로 다시 힘을 낼 수가 있었다.

이 천국 복음이 모든 민족에게 증언되기 위하여
온 세상에 전파되리니 그제야 끝이 오리라

마 24:14

이 책은 내가 '자유터학교'와 '여명학교'를 통해 탈북 동포들을 돕고 그들의 아픔에 공감하며 함께 이겨낸 시간의 기록이다. 나는 그들을 통해 배우고 감격하며 행복했다. 모든 일을 다 담지는 못했지만, 이것은 어떤 사역에 대한 성공 이야기가 아니라 실패를 딛고 서로 마음을 알아가는 이야기이다.

지금 내가 하고 있는 사역은 작고 부족하지만 '하나님 안에서는 귀하고 행복한 사역'이라고 감히 생각한다. 이 책이 통일을 준비하는 데 가장 중요한 '마음을 세우는 입문서'가 되기를 바란다.

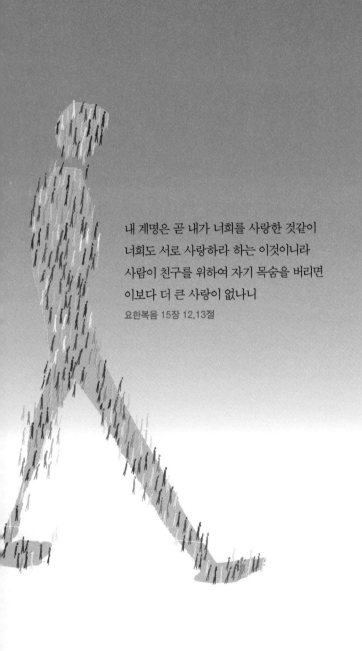

내 계명은 곧 내가 너희를 사랑한 것같이
너희도 서로 사랑하라 하는 이것이니라
사람이 친구를 위하여 자기 목숨을 버리면
이보다 더 큰 사랑이 없나니

요한복음 15장 12,13절

Part **1**

가장 낮은 곳에 서다

#
1
나그네들을 향한
부르심

약자들의 하나님

내 고향은 서울 상계동의 노원마을이다. 1970년대에 전국에서 힘들게 살던 사람들이 갈 곳이 없어 마지막으로 모여드는 종착지 같은 곳이었다. 늘 화끈한 몸싸움과 격렬한 다툼이 있었지만 어려운 사람들끼리 마음을 서로 알아주는 진한 사람 냄새 풍기는 곳이었다. 이전에는 '빈민촌'이라고 더 많이 불렸던 이 마을에서 나는 따뜻한 온기를 느끼면서 컸다.

그러나 그곳의 아이들은 꿈꿀 수 없었다. 어른들은 다들 하루 벌이로 먹고 살아야 했기에 억척스럽게 생활했고, 자녀들을 살갑게 챙겨주거나 꿈을 심어준다는 건 생각지도 못했다. 그래서 아이들은 꿈꾸는 법도, 공부해야 하는 이유도 배우지 못했다. 나 또한 그렇게 살았다.

그러던 어느 날, 나는 내 미래가 궁금해서 그곳에 사는 선배들의 삶을 유심히 보게 되었다. 언젠가는 나도 그들처럼 살게 될 거라는 생각에서였다. 예쁘장한 언니들은 유흥업소에, 그렇지 않은 언니들은 공장에 다녔다. '나는 어느 쪽에 가까울까'를 생각하며 거울을 보았다. 그러자 갑자기 내 미래에 대한 기대와 비전이 사라졌다.

그렇게 나는 아무 생각 없이 본격적으로 놀기 시작했다. 다행히 긍정적이고 밝은 성격을 가진 나는 친구들에게 늘 인기가 많았다. 그렇게 희망도 생각도 없이 놀기만 하던 내게, 하루는 어머니가 심각하게 말했다.

"명숙아, 엄마처럼 고생하지 않으려면 대학에 가야 한다. 전문대라도 나오면 공장에서도 반장부터 시작하더라. 우리처럼 아무것도 없는 사람들은 배우기라도 해야 이 가난에서 벗어날 수가 있단다."

아버지는 연이은 사업 실패로 더욱 무기력해졌고, 어머니는 그런 아버지에게 희망을 주고 싶어 했다. 아들을 바라는 아버지에게 아들을 낳아주려고 자식을 넷이나 낳았지만 모두 딸이었다. 나는 그중 둘째였다. 어머니는 막내를 낳자마자 집 앞의 노점에서 떡볶이와 순대 장사를 시작했고, 이 무렵 아버지는 심기일전(心機一轉)하여 중동의 건설 현장으로 파견을 갔다.

어머니의 노점 장사가 잘되어서 몇 년 만에 작은 가게를 얻을 수 있었다. 음식 솜씨가 워낙 좋은 어머니 덕에 단골손님도 제법 많았다. 대부분 거친 노동에 지친 일용직 근로자들이었고, 그들 틈에는 식사를 막걸리로 때우던 천상병 시인('귀천'이란 시로 유명한)도 있었다. 나를 보면 늘 웃어주던 아저씨였다.

그런데 자식들을 위해 하루도 쉬지 못하고 고단한 하루하루를 보내시던 어머니가 어느 날 갑자기 쓰러졌다. 어머니를 대신해 누군가는 돈을 벌어야 했다. 병원에 누워 걱정하는 어머니에게 내가 호기롭게 말했다.

"엄마, 걱정 마. 내가 있잖아!"

당시 초등학교 6학년이던 나는 평소 어머니를 도왔던 경험을 살려 시장에서 물건도 떼 오고, 손님들에게 빈대떡을 데워주고 막걸리도 팔면서 일주일 동안 장사를 했다. 그리고 병원에서 퇴원하는 어머니에게 열심히 장사해서 번 돈을 자랑스럽게 내밀었다. 평상시 매상만큼 올린 나를 기특하게 여길 걸 상상하면서. 그런데 어머니는 기뻐하시기는커녕 근심스럽게 날 쳐다보며 아무 말도 하지 않았다.

며칠 후 어머니는 잘되던 가게를 접고 공장에 취직했다. 나는 속상한 마음에 어머니에게 따져 물었다.

"왜 장사를 그만두고 힘들게 공장에서 일해?"

어머니가 말했다.

"우리 딸이 이제 중학생이 되잖아. 엄마가 더 이상 막걸리 장사를 하면 안 되지."

스팽글을 만들어 수출하는 공장에서 하는 일은 무척 고됐다. 나도 방학 때가 되면 어머니의 일을 도왔다. 처음에는 어머니를 마중하기 위해 공장에 갔는데, 일손이 부족하다는 공장장의 요청으로 일을 하게 되었다.

나는 공장에서 일하는 게 행복했다. 한 푼이라도 더 벌어 가정에 보탬이 되어서 좋았고, 내가 열심히 일하면 잠시라도 어머니가 쉴 수 있어 뿌듯했다. 그래서 정말 열심히 일했다(그때 열심히 일해서 내 양쪽 엄지손가락의 지문이 거의 남아 있지 않다. 그래서 지장을 찍을 때마다 민망한 상황이 벌어진다).

중학교 3학년 여름방학의 어느 날, 한창 열심히 일하고 있는데 공장장이 나를 불렀다.

"명숙아, 너 정말 일을 잘하더라. 아저씨가 어른들보다 월급을 만 원씩 더 줄 테니까 고등학교에 가지 말고 이 공장에서 일하지 않을래?"

나는 어린 마음에 뛸 듯이 기뻐서 어머니에게 자랑하듯 말했다. 그러자 어머니의 얼굴이 흙빛으로 변했고, 그 길로 어머니는 공장을 그만두었다. 그리고 아파트 청소 일을 시작했다. 나는 차마 그곳까지는 따라갈 수가 없었다. 나 때문에 점점 더 어려운 일을 하며 고생하는 어머니는 틈만 나면 내게 "엄마처럼 고생하지 않으려면 대학에 가라"라고 말했다.

이즈음 아버지가 중동에서 귀국했고, 우리는 빈민촌에서 작은 구멍가게를 할 수 있을 만큼 돈을 모았다. 그래서 나는 고등학교 3학년이 되어서야 대학에 가기로 마음먹었다.

나는 북한에서 월남한 기독교인 이사장이 세운 크리스천 학교인 정의여자고등학교에 다녔다. 학교에 다닐 때는 장난처럼 믿었던 복음이 대학 입시를 위해 재수와 삼수를 하면서 내 안에서 조금씩 자라나 나를 깨웠다.

하나님께서 우리 동네 사람들의 편이시며, 그들을 사랑하시는 '약자들의 하나님'이라는 말이 정말 좋았다. 나는 내가 태어나고 자랐던, 우리 동네에 도움이 되는 사람이 되고 싶었다. 부모의 가난이 자녀에게 대물림되는 빈민촌의 어딘가에서 살고 있을 '또 다른 나'를 가르쳐 잘 살게 해주고 싶었다. 그래서 사범대학에 가기로 결심했고, 단국대학교 한문교육학과에 입학했다.

부르심이 있는 곳

1993년 대학교 3학년, 어느 날이었다. 학교 앞 횡단보도에서 신호를 기다리는데 옆에 동남아시아 청년 둘이 서 있었다. 나는 곁에 있던 내 친구에게 무심코 말했다.

"미국 사람이나 백인을 보면 그런 마음이 안 드는데, 동남아시아 사람이나 흑인을 보면 왜 우리보다 못하다는 느낌이 들까?"

세상의 편견이 당연한 상식인 것처럼 말했던 철없는 시절이었다.

88서울올림픽을 치르자 한국이 잘산다는 걸 세상 사람들이 알게 되었고, 1990년대 초부터 동남아시아나 아프리카에서 외국인 노동자들이 한국으로 많이 들어왔다. 이전까지는 외국인이라고 하면 미군이나 사업차 들른 백인이나 흑인 정도를 떠올릴 때였다. 동남아나 아프리카 외국인 노동자들이 폭발적으로 증가하던 그 시점에, 학교 앞에서 만난 외국인 노동자를 통해 내 안에 있던 편견과 마주했다.

그런데 그다음 날 우리 집에 전화 한 통이 잘못 걸려왔다. 몇 번에 걸었느냐는 내 질문에 상대편은 어눌한 발음으로 "파치쌈(873)에…"라고 대답했다. 나는 그에게 외국인이냐고 물었고, 그는 자신이 파키스탄에서 온 외국인 노동자인데 친구가 공장에서 사고를 당해서 한국인 친구에게 전화를 걸었다고 했다. 그런데 그와 연결이 되지 않는다고 했다.

어려서부터 가난하고 어려운 사람들 틈에서 살았던 나는 상대방의 목소리만 듣고서도 얼마나 절박한 상황인지 직감할 수 있었다. 그리고 전날의 외국인 노동자에 대한 내 편견이 떠올라 미안한 마음에 그를 도와주어야겠다고 생각했다.

"전화를 잘못 거셨지만… 제가 도와드려도 될까요?"

그가 정말 기뻐했다. 함께 한국에 온 파키스탄 친구가 공장에서 난 폭발 사고로 쓰러졌는데 어떻게 해야 할지 모르겠다며 울면서 말했다. 나는 그 길로 고대 구로병원으로 갔다. 그곳에서 만난 환자는 나보다 두 살 어린 파키스탄 외국인 노동자였다. 사고로 쓰러져 혼수상태였다. 그런데 정말 안타까웠던 건 그를 간호하고 있던 파키스탄 친구들이었다. 그들은 돈이 없어서 수돗물과 빵 하나로 주린 배를 간신히 채우며 간호하고 있었다.

나는 어린 나이에 외국에서 돈을 벌다 어려움을 당하고도 제대로 된 도움조차 받지 못하는 그들을 보며 가족들을 위해 중동으로 일하러 가야 했던 아버지가 생각났다. 그래서 그들을 열심히 도왔다. 환자는 보름 만에 깨어났지만 사고로 실명이 되어 우리를 볼 수 없었고, 내게 "누나, 고마워요. 내가 다 알아요"라는 마지막 말을 남기고 세상을 떠났다.

이 사건은 외국인 노동자가 한국에서 일하다 목숨을 잃은 '산업재해 사망 사건 1호'여서 언론의 많은 주목을 받았다. 나는 그들을 순수하게 돕는 친구였기에 파키스탄 친구들은 나를 사망자의 임시 보호자로 지명했다. 나는 매우 당황스러웠다. 그들의 처지가 딱해서 도와준 것뿐인데 그들이 나를 환자의 시신까지 확인해야 하는 보호자로 지명할 줄은 몰랐다.

가톨릭에서 운영하는 외국인 노동자 전문 상담소가 있었지만 그들은 도움을 거절했다. 자신들을 돕겠다는 전문가의 도움을 거절하고 왜 나를 괴롭히는지 도저히 이해가 되지 않았다. 더욱이 영안실에 들어가서 시신을 확인해야 하는 절차 때문에 공포가 밀려왔다. 나는 그들에게 물었다.

"왜 전문가들의 도움을 거절하는 거야?"

"거기 사람들은 한국 사람이고, 가톨릭이라서 우리와 국적도 종교도 다르잖아. 우리를 위해서 일하지 않을 거야. 그러니 미스 조, 네가 우리를 도와줘."

나는 더 화가 치밀어 올랐다.

"야! 나도 한국 사람이거든. 나도 크리스천이야."

그랬더니 그들이 나를 보며 말했다.

"너는 우리 친구잖아!"

그 순간 예전에 읽고 충격을 받았던 성경 구절이 떠올랐다.

사람이 친구를 위하여 자기 목숨을 버리면
이보다 더 큰 사랑이 없나니

요 15:13

나는 간절하고 진심 어린 그 눈빛을 차마 외면하지 못해 그들을 돕는 일을 시작하게 되었고, 교사의 꿈까지 포기할 수밖에 없었다. 교사가 되려는 사람들은 많았지만 외국인 노동자를 돕고자 하는 사람들은 없었기 때문이다.

그 후에 나는 '외국인 노동자 상담소'의 간사로 일했다(그곳에서 내 평생지기인 모세 소장과 한나 간사, 그리고 남편인 이호택 간사를 만났다). 우리 사회에서 소외받고 고난당하던 외국인 노동자들을 내 형제처럼 돌보며 섬겼다. 내 타고난 활달한 기질과 불굴의 긍정적인 성격이 어두운 터널을 지나고 있는 그들을 웃게 했다. 상담을 받으러 온 외국인 노동자들이 울면서 이야기를 시작했다가도 나중에는 웃으면서 돌아갔다.

그런데 시간이 지나면서 내가 그들을 돌보는 게 아니라 그들이 날 돌보고 있다는 생각이 들었다. 그때까지만 해도 '가난'은 내게 늘 부끄럽고 아픈 상처였는데 그들을 만나면서 그것이 내게 가장 큰 자산이 되었다. 그들을 사랑하자 더 큰 사랑이 나를 덮었다.

당시 10만 명이 넘는 외국인 노동자들이 관광 비자로 한국에 들어와서 일했기에 법적으로 전혀 보호받지 못했다. 그들은 '출입국 관리법 위반자'로 구분되어 노동 현장에서 산업 재해를 당해도 치료는커녕 보상금이 부담스러운 사업주들의 고발로 강제 추방을 당하는 일이 많았다. 우리는 외국인 산재 노동자들을 위한 제도를 개선하기 위해 경실련(경제정의실천시민연합) 사무실로 가서 항의 농성을 했고, 그것을 계기로 외국인 노동자 정책이 바뀌게 되었다.

그런데도 산업 재해를 당해 본국으로 강제 추방을 당한 외국인 산재자들이 당시 1만 명에 달했다. 우리는 네팔과 필리핀과 중국 등 7개국으로 흩어져 한국에서 쫓겨난 수많은 산재자들을 직접 찾아다녔고, 30억 원 이상의 보상금을 받을 수 있도록 도왔다.

이후 법을 전공한 이호택 간사는 재중(在中) 동포들을 상대로 한국에 초청해주겠다는 사기 피해자들의 진정 사건(1만여 건에 달하는)

을 접수하여 한국 검찰에 가해자들을 고발했다. 이 사건으로 우리의 활동이 한국 사회에 큰 이슈를 던지게 되었다. 친구 된 마음으로 애정을 가지고 기도하며 일했더니 제기한 문제들이 모두 제도화되었다.

더 큰 순종

필리핀에서 활동을 마치고 국내에서 산재자 보상 신청과 재요양 대상자들을 재입국시키기 위한 절차를 준비하고 있었을 때였다. 중국에 머물던 모세 소장과 이호택 간사가 급히 귀국했다. 모세 소장은 재중 동포 산재자들을 인터뷰하던 중 북한 동포를 소개받아 만나게 된 이야기를 했다.

"북녘 동포들의 상황이 매우 좋지 않아. 외국인 노동자들과 비교가 안 될 정도로 처참해."

그 말이 끝나자마자 내가 말했다.

"외국인 산재자들은 손발이 잘린 사람들이야. 어려운 상황으로 따지면 그들이 더 어려운 거 아니야?"

그는 심각한 표정으로 끔찍한 이야기들을 전했다.

"어쩌면 지금 우리 민족사에서 가장 큰 비극이 벌어지고 있는지도 몰라. 동포이기 때문이 아니라 이 지구상에서 가장 비참하고 약한 사람들이기에 외면해서는 안 된다고 생각해. 북녘 동포를 돕는 일을 지금 즉시 시작해야 할 것 같아."

나는 솔직히 새로운 사역을 다시 시작하자는 그 제안이 달갑지 않았다. 더군다나 국가보안법 위반과 생명의 위험을 감수해야 하는 사역이었다. 선뜻 나서지 못하는 내게 그가 물었다.

"명숙아, 하나님께서 이 상황을 보시면 뭐라고 하실까? 예수님이시라면 어떻게 하실까? 예수를 믿는 우리는 어떻게 해야 할까?"

나를 몰아치는 그가 야속했고, 이런 내 상황이 억울했다.

"내 꿈은 교사야. 외국인 노동자 문제가 제도화되고 나면 나는 꿈을 이루고 싶어. 나, 정말 열심히 했잖아. 평생 할 고생을 지난 3년간 다 했다고! 좀 편하게 살면 안 돼?"

나는 모세 소장의 눈빛을 피한 채 내 속마음을 거침없이 토해냈다. 외국인 노동자들의 보호자가 되는 것도 20대 중반이었던 내가 감당하기에 버거운 일이어서 도망가고 싶을 때가 한두 번이 아니었다. 그때마다 교사로서 마주하게 될 미래의 내 제자들에게 떳떳하고 싶어서 이를 악물고 참았다. 곧 제자리로 돌아가 내 꿈을 이룰 수 있을 거라고 생각하면서….

내 투정을 듣고 있던 이호택 간사가 말했다.

"편하게 오래 살면 뭐해요? 성경 말씀에 '우리의 연수가 칠십이요 강건하면 팔십이라도 그 연수의 자랑은 수고와 슬픔뿐이요 신속히 가니 우리가 날아가나이다'(시 90:10)라고 하지 않았소?"

"예수님이시라면 어떻게 하실까"라고 묻는 모세 소장의 질문과 짧은 인생에서 주의 일을 하다 천국에 가자는 이호택 간사의 말에 나는 마음속의 갈등을 접고 결심했다.

'그래, 같이 가자! 죽어도 같이 죽고, 살아도 같이 살자!'

나는 사명감이 있어서라기보다 여태껏 고생한 그들과 함께하고 싶었다. 그리고 외국인 노동자를 돕는 일에 함께하신 하나님께서 이 길에도 함께하실 거라는 믿음이 있었다.

이후 모세 소장과 한나는 북녘 돕기 사역을 위해 먼저 중국으로 떠났고, 나와 이호택 간사는 이미 초청하여 치료 중인 산재자들의 뒤처리와 우리의 결혼식 준비를 하게 되었다.

이호택 간사와는 1994년에 처음 만났다. 수더분한 외모에 나보다 열한 살이 많은 그는 내게 책임감이 강한 큰오빠 같은 사람이었다. 그러니 내 눈에 남자로 보일 리가 없었다. 어쩌다 주위 사람들이 우리를 연결시키려고 "명숙아, 호택 형님을 만나보는 건 어때?"라고 말하면 나는 불같이 화를 내며 아예 말도 못 꺼내게 했다.

그러던 어느 추운 겨울날, 명동성당 앞에서 외국인 산업 연수생들과 농성을 하고 있었다. 몸이 얼어붙어 움직여지지 않을 정도로 칼바람이 매서웠다. 그날 처음 추위에 떨며 고생하는 나를 대신해서 묵묵히 일하는 그가 내 눈에 들어왔다. 그 뒤로도 어느 자리든 마지막까지 남아서 일하는 그가 보였다. 그에게는 내게 부족한 끈기와 책임감이 있었다. 나는 그런 그를 존경하고, 사랑하게 되었다.

하지만 결혼 상대로는 마음의 결정을 내리지 못하고 있을 때, 죽어가는 한 선교사 지망생에게 주저하지 않고 자신의 신장 하나를 떼어주었다는 그의 말에 내 마음이 크게 움직였다. 자신의 믿음을 삶으로 실천하는 사람이라면 평생 존경하며 살 수 있을 것 같았다. 더욱이 나중에는 그의 얼굴이 내로라하는 남자 배우들처럼 보이기까지 했으니 결혼할 수밖에 없었다. 그런데 결혼식을 준비하던 어느 날, 중국에 있는 모세 소장에게 전화가 왔다.

"명숙아, 미안한데 네 결혼식에는 못 가겠다. 호택이 형이랑 식을 끝내자마자 얼른 중국으로 와라. 아무것도 묻지 말고!"

나는 그곳의 긴박한 상황을 직감했다. 남은 외국인 노동자 사역을 협력 단체에 넘기고, 1997년 4월 26일에 결혼식을 마치자마자 우리는 곧장 중국으로 갔다. 신혼여행인 듯 떠난 그 길이 북녘 동포를 돕는 사역의 시작이었다.

나는 외국인 노동자 사역에서 탈북자 사역으로 옮기는 과정에서 사역도 우상이 될 수 있다는 걸 깨달았다. 사역의 열매를 취하려는 것도 죄가 될 수 있었다. 열매를 맺는 것만이 축복이 아니고, 주님과 함께 일할 수 있다는 것 자체가 우리에게 축복이며 열매였다. 그래서 어느 때에는 주님께 드리는 열매를 포기하는 게 사역을 하는 것보다 '더 큰 순종'이라는 것을 깨달았다. 나는 더 이상 주저하지 않았고, 새로운 밭을 갈기 위해 다시 중국으로 떠났다.

2
낯선 땅의
사람들

열심히 사랑하겠습니다

중국에서는 내가 한국에서 도왔던 재중 동포들의 소개로 탈북자들을 만날 수 있었다. 연변에서 만난 그들은 우리에게 백두산 자락에 있는 친척들을 구출해달라고 부탁했다. 우리는 밤새 차를 타고 백두산으로 향했다. 백두산 자락에 있는 작은 마을인 숭선으로 가려면 중국과 북한의 국경을 따라가야 했다.

한참을 가고 있는데 숲에서 우리 차를 향해 총을 겨누며 나오는 군인이 보였다. 순간 총이 발사됐고, 화염 사이로 그의 경직되고 살벌한 눈빛과 내 눈이 정면으로 마주쳤다. 운전수는 총소리에 놀라 차를 세웠고, 그 군인이 우리를 차에서 내리게 했다. 다행히 그는 북한군이 아닌 중국군이었다. 그는 길에서 허술하게 우리의 신원을 물었고, 우리는 잘 차려입은 덕분에 땅을 보러 온 남한의 기업가로 위장하여 그곳을 빠져나올 수 있었다. 미심쩍어하며 우리를 풀어주는 그를 뒤로하고 정신없이 내달렸다.

잠시 후 도착한 마을에서 백두산의 멋진 광경과 대비되는 참혹한 모습의 북한 형제들을 보게 되었다. 그들은 사람이라고 하기에는 낯선 모습으로 숨어 있었고, 공포심에 가득 찬 눈빛으로 내 앞에서 떨고 있었다. 그 모습에 난 그저 미안하다는 말밖에는 할 수가 없었다. 모든 게 미안했다. 그들의 고통에 무관심했던 것도, 따뜻한 봄날에 겨울옷을 입었음에도 떨고 있는 그들 앞에 가벼운 차림으로 서 있는 것도, 산 밑은 일상인 반면 산 속은 전쟁보다 더 참혹한 세상인 것도, 그리고 그들과 같은 민족인 것도 미안했다.

1994년에 '어버이 수령님'인 김일성이 죽었고, 1995년부터는 곡창 지대에 거듭된 홍수 피해로 북한의 식량난이 시작되었다. 이후 그들의 삶은 완전히 바뀌었다. 일명 '고난의 행군' 시기라 불리던 때였다.

모든 것을 책임져주던 어버이 수령님은 식량난으로 '자식을 굶겨 죽이는 어버이'로 전락했다. 많은 사람들이 모진 일들을 겪으며 굶어죽지 않으려고 '지상 낙원'이라고 여기던 북한을 떠났다.

우리가 탈북 동포의 구조 요청으로 급하게 택시를 타고 북한과 중국의 국경 마을인 도문으로 향할 때였다. 그 택시에는 나를 포함해 넷이 합승했고, 그중에 둘이 일행이었다. 그 둘이 대화를 나누고 있었다.

"빨리 가야 잡겠는데, 다른 사람한테 뺏기지 않아야 하는데…. 여자는 고운데 여덟 살짜리 딸이 하나 딸려 있다네. 어쩌나? 그 둘을 함께 팔려면 값이 눅어(싸)지겠는데…."

"일 없습다(걱정 없습니다). 여자는 여자대로 팔고, 딸은 내 아는 한족 부부가 아이가 없는데 거기에 팔면 됩니다."

대화를 듣던 나는 기가 막혔다. 함께 타고 있던 조선족 할머니가 호통을 쳤다.

"이 몹쓸 사람들, 그 불쌍한 사람들을 돕지는 못할망정 부모 자식을 갈라서 팔아먹겠다고?"

그들은 억울하다는 듯이 항변했다.

"마다매(할머니), 우리도 처음에는 조선(북한) 사람들이 불쌍해서 많이 도왔습다. 그런데 중국에서 조선족인 우리가 힘이 얼마나 있다고 끝도 없이 와서 손을 벌리는 그들을 돕겠습까? 우리도 힘에 부쳐 돕다가 생각해낸 방법입니다."

옆에 있던 일행도 나서서 이야기했다.

"그래도 굶어죽는 것보다 낫잖습까? 그들도 살고, 우리도 살고…. 그래도 우리는 아예 모른 척하는 남한 사람들보다는 낫습니다. 마다매, 혼내시려면 그들부터 혼내시오."

할머니는 "차라리 죽는 게 낫지. 우리 민족에게 어떻게 이런 일이…"라며 울먹이셨고, 나는 입술을 깨물고 창밖만 내다보았다. 북한과 중국의 국경을 달리는데 마치 선을 그어놓은 듯이 북한의 벌거숭이산과 중국의 울창한 산이 눈앞에 펼쳐졌다.

우리는 북한 동포들을 부지런히 만나 열심히 도왔다. 그들을 만날수록 북녘 동포 돕기 사역과 북한의 문제는 영적 전쟁이라는 걸 절감했다. 실제로 밤마다 가위에 눌려 잠도 제대로 잘 수 없었다. 급기야 나는 결핵과 간염이 동시에 걸렸다. 약을 많이 먹어야 하는 결핵과 해독이 잘 안 되는 간염이 동시에 발병하여 몸은 지칠 대로 지쳐갔다.

얼마 후 중국과 북한의 국경인 두만강에 탈북 여성의 시체 한 구가 방치되어 있다는 소식이 들렸다. 탈북하려고 강을 건너다 물살을 이기지 못해 죽은 것이었다. 우리는 조선족의 안내를 받아 그곳에 갔다. 마침 시체를 쪼아 먹던 까마귀들이 인기척에 놀라 북한 쪽으로 날아갔다. 조선족 동포가 내게 물었다.

"선생! 선생이 믿는 하나님이 이 광경을 보면 뭐라고 하겠습니까? 북한 사람들은 못 먹어서 허리도 안 차는 두만강을 건너다 맥(힘)이 없어 물에 빠져 죽고, 까마귀는 그 살을 뜯어 먹고, 남한 사람들은 중국에 보신 관광을 와서 그 까마귀가 정력에 좋다고 뜯어 먹는 이 현실을 보면 어떠실까요?"

참담했다. 그때 내 영혼에 소리가 들렸다.

'나는 아픈데 너는 어떠하냐?'

주님은 내가 "이 땅의 황무함을 보소서"라고 통곡하고 부르짖기 전에 이미 그 심정을 아시고 내게 물으셨다.

'주님, 제게 그들을 맡겨주시면 열심히 사랑하겠습니다.'

나도 모르게 한 이 서원이 그날부터 내 꿈이 되었다. 이후 나는 더 열심히 북한 동포를 찾아다녔다. 하나님께서 내 서원에 응답해 주시는 듯 그들을 사랑하는 마음이 점점 커져만 갔다. 나는 북한을 사랑하시는 하나님의 일에 쓰임 받는 것만으로도 설레고 감격스러웠다. 그리고 앞으로 펼쳐 가실 그분의 일에 대한 기대감이 마음 깊은 곳에서부터 차오르기 시작했다.

준비되지 않은 통일살이

우리가 만났던 탈북자들 대부분은 도움을 받고 감사해하며 북한으로 돌아갔다. 그러나 그중에 몇 명은 중국에서 살겠다며 우리를 따랐다. 그들과 함께 국경 수비대가 없는 백두산 자락을 넘어 연길로 향했다.

나는 힘없는 부모들을 대신하여 아이들을 업고 산을 넘었다. 그 모습이 영화 〈사운드 오브 뮤직〉의 마지막 장면 같았다. 나치 정권을 피해 마리아와 트랩 대령이 아이들을 업고 알프스 산을 넘어 자유를 찾아가던 영화 속의 모습. 나는 초라하고 겁먹은 우리와 비교되는, 웅장하고 아름다운 백두산 자락을 걸으며 생각했다.

'하나님의 형상대로 지어졌다는 인간의 모습이 이렇게까지 될 수도 있구나!'

나 역시 이런 광경을 누군가에게 들었다면 믿지 못했을 것이다. 이후 우리는 탈북 동포들과 함께 몇몇 언론사와 인터뷰를 하면서 북한의 식량난을 국내에 알렸다. 특히 한 신문사에서 '아! 굶주리는 북녘'이라는 연재 기사로 북한의 식량난을 다뤄 '북한에 쌀 보내기 운동'을 촉발하는 계기가 되었다.

우여곡절 끝에 백두산을 넘어 연길에 들어갔다. 그곳에서는 주로 아파트를 얻어 거처를 정했다. 주택(땅집)은 이웃집과 가깝게 붙어 있어 신분이 들통 날 위험이 있었다. 또 아파트를 얻더라도 2층에 얻으려고 애썼다. 만약 공안이 들이닥치더라도 창문으로 도망갈 때 크게 다치지 않을 수 있기 때문이었다. 그렇게 우리는 준비되지 않은 '통일살이'를 시작했다.

아파트를 얻을 때는 의심을 피하기 위해 집주인에게는 "우리는 신혼부부인데 몸이 아파서 중국에 치료차 왔다"라고 둘러댔고, 중국의 월세 중에서 가장 단기간인 3개월 단위로 집을 얻어 옮겨 다녔다. 한 곳에서 위험이 감지되면 재빨리 도망가야 했기에 급할 때는 위치를 제대로 파악하지 못하고 집을 얻기도 했다.

한번은 심양에서 얻은 집이 북한대사관 건너편이었다. 이사한 그날 밤은 모두 겁에 질려 보냈다. 내가 북한대사관을 바라보며 중얼거렸다.

"저 안에 있는 사람들은 우리가 여기에 있다는 걸 꿈에도 알지 못할 거야."

그러자 이상하게 웃음이 나왔다. 탈북 형제들은 그런 나를 보며 따라 웃었다.

열댓 명이 생활하기에는 비좁은 공간이었지만 우리는 《안네의 일기》에 나오는 안네의 다락방보다 훨씬 넓고 좋다며 서로 위로했다. 국경에서 구출한 아이들은 우리와 함께 사는 걸 좋아했다. 아이들은 부모가 탈북해서 식량을 얻으러 간 사이에 고모네서 살고 있었다. 밥을 지을 때 필요한 알탄(조개탄)과 땔감을 구하는 건 늘 아이들의 몫이었다. 그런데 집 안에서 단추만 눌러 불을 떼고, 밥가마(밥솥)의 불을 조절하지 않아도 전기 밥솥이 알아서 밥을 해주니 눈이 휘둥그레질 수밖에 없었다.

그중에서 가장 신기하고 행복해했던 건 화장실이 집 안에 있다는 것이었다. 추운 날 화장실을 가는 것도 불편했고, 급해서 뛰어가도 여러 사람이 줄을 서 있으면 큰 낭패였다. 아이들은 생활하면서 작은 것에도 크게 감동하고 놀랐다. 나중에는 밥상에 올라오는 고추와 옥수수의 크기를 보고도 놀라워했다.

"이거 사자고추(피망)예요, 그냥 고추예요? 이 강냉이(옥수수)는 왜 이리 커요? 남조선 것도 이만해요? 북조선의 야채들은 3개를 홈쳐 먹어도 배가 안 부른데 이건 1개만 먹어도 배부르겠어요."

북한에서는 비료도 부족하고, 땅의 지력도 다하여 농작물의 크기가 점점 작아지고 있었다. 그러니 아이들은 2배 이상 큰 중국의 채소들을 보고는 놀랄 수밖에 없었다. 아이들의 그런 반응은 희망 없던 우리에게 유일한 활력이 되어주었다.

그런데 첫날부터 사고가 났다. 화장실의 변기 덮개가 부서진 것이었다. 화장실에 다녀온 원욱이에게 무슨 일이 있었냐고 물었다. 그러자 툴툴거리며 이해하기 힘든 말을 늘어놓았다.

"똥통이 너무 높고, 바닥이 너무 좁아요. 처음에는 화장실이 집 안에 있어서 편하다고 생각했는데 한두 번 사용하면 퍼내야 하니 더 불편한 것 같아요."

하나하나 짚어서 물어보니 내가 양변기 사용법을 알려주지 않은 게 화근이었다. 양변기를 처음 사용해본 그가 양변기 위에 올라가 용변을 보다가 덮개를 깨뜨린 것이었다. 게다가 용변을 본 후 물을 내리는 법을 알지 못해서 민망한 마음에 뚜껑을 덮어놓았다.

나는 북한 형제들에게 생활 전반에 대해 가르쳐줘야 한다는 생각을 미처 하지 못했다. 미안한 마음에 나도 고등학교 때까지 공동변소에 다녔으며, 양변기를 처음 사용하던 날에 실수했던 경험을 말해주었다. 그제야 그의 얼굴빛이 환해졌다.

처음 함께 살 때는 이들을 절대 밖에 나가지 못하게 했다. 처참한 외모 때문에 공안에게 잡힐 게 뻔했기 때문이다. 그렇다고 찬거리를 배달시킬 수도 없었다. 시장은 늘 우리가 봤고, 한나가 국경을 탐색하러 가면 나 혼자 보러 갔다.

여름날 땡볕에 한 쪽 어깨에는 10킬로그램이 넘는 쌀가마니를 얹고, 다른 손에는 야채를 한가득 사서 집으로 날랐다. 탈북 동포들은 식량난 때문에 배고파서 온 사람들이기에 잘 먹이고 싶었다. 그들의 먹성으로 인해 나는 날마다 집주인이 이해하기 힘든 광경을 보여줘야 했다. 주변 사람들은 '아프다는 새댁이 웬 먹성이 저리도 좋고, 쌀가마니를 저렇게 자주 나르나' 하며 보는 듯했다.

당시 몸무게가 40킬로그램밖에 나가지 않던 내가 눈물을 흘리면서 땀범벅이 되어 쌀을 집어던지듯 마루에 내려놓고 쓰러지면 탈북 형제들이 내 주위에 둘러서서 미안해하고 민망해했다. 아이들은 내가 일사병이라도 날까 봐 손으로 부채질을 해주며 연신 볼에 입을 맞추며 죽지 말라고 말했다. 나는 그 모습에 빠질 것처럼 아프던 어깨가 낫고, 핑 돌았던 정신이 제대로 돌아오는 것 같았다.

처음 장을 봐왔을 때 나는 당연히 탈북 여성들이 자신들의 입맛에 맞춰 반찬을 할 줄 알았다. 그런데 찬거리를 보더니 멀뚱멀뚱 쳐다보기만 할 뿐 어찌할 바를 몰라 했다. 오랜 경제난으로 반찬 만드는 법을 잊은 거였다. 내가 하겠다고 나서자 그들도 은근히 기대하는 눈치였다.

한 번도 요리를 해보지 않았던 나는 내 마음대로 음식을 만들었다. 화려한 색을 자랑하는 내 요리에 모두 기대에 차서 "와, 오늘 저녁은 장군님 생일상이구나"라고 말했다. 그러나 음식을 한 입에 넣고 음미하는 순간 모두 화장실로 달려갔다. 미각과 후각이 둔한 내가 중국의 검은 식초를 간장으로 착각해 요리를 했던 것이었다.

서로 다름을 배우다

남편과 모세 소장이 탈북 형제들을 살리려고 뛰어다닐 때 우리는 날마다 집에서 기다렸다. 탈북 형제들이 맘 편히 살 수 있는 곳을 찾으려고 모두 애썼지만 중국 정부와 한국 정부는 묵묵부답이었다. 이를 어른들에게는 사실대로 말했다.

"중국도 한국도 받아주지 않지만 낙심하지 마세요. 우리는 힘이 없지만 하나님께서 함께하시니 걱정 없어요. 우리도 끝까지 함께할 거고요. 반드시 살 수 있는 방법을 찾아낼게요."

"잡혀가지만 않고 살 수 있게 해달라는 건데 그게 그렇게 어려운 일인가 보네요."

그들은 실망하는 눈치였다. 하지만 아이들은 우리가 끝까지 함께하겠다는 말에 달려와 끌어안고 손뼉을 치며 좋아했다.

날마다 기다리느라 무료했던 나는 게임을 제안했다.

"나한테 가르쳐줄 북한 게임이 있니?"

"'주패'라는 카드 놀이인데 머리가 좋아야 배울 수 있어요."

아이들이 나를 보며 웃었다. 가소롭다는 듯이 내가 응수했다.

"나야말로 빈민촌에서 초등학교 5학년 때부터 화투를 조기 교육 받은 실력자야."

아이들은 어림없다는 듯한 표정으로 내게 주패 사용법을 전수했다. 나날이 급성장해가는 내 주패 실력에 아이들은 서면(書面)으로 북한 명태, 옥수수 떡, 심지어 남한의 아파트, 10년 후 휴가지에서 머물 호텔, 개집까지 저당 잡혔다.

어느 정도 친해졌다는 생각에 나는 한때 남한에서 유행했던 북한 노래를 불러주겠다고 했다. 한 코미디언이 불렀던 '오데로 갔나'라는 노래였다.

"오데로 갔나, 오데로 갔나, 오데가~ 땅굴 파고 토꼈나. 미그기 타고 날랐나. 내래 버린 아새끼래 오데로 갔나요. 간나새끼, 에미 나이 동무 잡히기만 해봐라. 아오지야요."

지금 생각해보면 '내가 미쳤었구나' 싶지만 그때는 뭐라도 해서 그들을 웃게 하고 싶었다. 그래서 내가 어렸을 때 가장 많이 웃으며 들었던 그 노래를 불렀다. 노래를 부르면 부를수록 탈북 형제들의 얼굴이 일그러졌다. 뭔가 이상한 낌새를 차렸지만 뭔가 시작하면 끝을 보는 성격인지라 노래도 끝까지 불렀다.

손뼉 치는 두 꼬마를 제외하고는 청소년부터 어른들까지 모두 어떻게 반응해야 할지 몰라 서로 얼굴만 쳐다보고 있었다. 그때 한 어른이 말했다.

"명숙 선생, 지금 우리한테 전쟁을 선포하는 기야?"

"전쟁이라뇨? 재미없으세요?"

그러자 점점 목소리가 높아졌다.

"아니, 나이 많은 여성들이 있는데 그 앞에서 '간나새끼'라니?"

나는 깜짝 놀라 물었다.

"어머! '간나'가 나쁜 말인가요? 저는 우리가 흔히 여자 아이들끼리 부르는 '기집애' 정도의 애칭인 줄 알았어요."

그러자 그 어른이 말했다.

"북한에서는 여자들에게 절대 하지 말아야 할 쌍욕이에요. 어떻게 그런 욕을 노래로 만들어서 우리 앞에서 부르나?"

나는 정말 미안했다.

"죄송해요. 그런 뜻이 아니었어요."

나보다 훨씬 도량이 넓은 북한 형제들이 말했다.

"오늘 노래만 들었다면 정말 기분 나빴을 테지만 평소에 명숙 선생이 우리를 진심으로 고아(사랑)했기에 이해하겠소."

"죄송해요. 대신 오늘 저녁은 제가 만들게요."

그러자 북한 형제들이 손사래를 치며 사양했다.

"점심을 잘 먹었더니… 저는 저녁을 먹지 않겠습다."

"야~ 노래보다 그 소리가 더 으스라다야(섬뜩하다)!"

탈북 청년들이 큰소리로 웃었다.

기다리는 시간이 길어지자 어른들은 불만이 생겼고, 다들 생활에 지쳐 힘들어했다. 좁은 공간에 많은 사람들이 살다보니 신경이 날카로워져서 걸핏하면 싸움이 일어났다. 나는 혹여나 이웃들의 신고로 잡혀갈까 봐 걱정이 되어 훈계하며 말렸다. 그러면 싸움을 하던 사람들은 그런 내 모습이 가소로운지 고개를 돌려 내게 "쌍간나, 개간나, 종간나"라며 욕을 했다. 나는 못 들은 척 해야 했다.

내 말은 듣지도 않고 힘들게 하는 어른들은 도저히 감당할 수가 없었다. 그래서 아이들만이라도 가르치며 보호하려고 했다. 탈북 아이들은 유난히 나를 잘 따랐다. 때로 어른들이 나를 구박하고 힘들게 하면 옆에서 보고 있다가 평상시에 간식으로 줬던 사탕을 모아놨다가 내 손에 쥐여주곤 했다.

나는 아이들에게 공부를 가르치고 재미있는 이야기도 해주었다. 내가 아이들을 데리고 작은 방으로 가서 공부를 가르치려고 하면 어른들은 '무슨 공작을 하려고 하나' 하며 날 쳐다보기도 했다.

나는 조용히 방문을 닫고 아이들을 가르치기 시작했다. 늘 공안이 들이닥칠까 긴장하며 살았기에 문밖에서 발자국 소리만 들려도 신경을 써야 했다. 그런 긴장감 속에서는 책 한 장을 소리내어 읽기가 어려웠다. 그래서 나는 아이들에게 이야기를 들려주는 것처럼 공부를 가르쳤다. 주로 성경에 나오는 인물 이야기를 들려주었다.

"어부였던 베드로는 예수님의 제자가 된 것도 기뻤지만 나중에 예수님이 왕이 되었을 때 자신이 큰 자리를 얻어 하루아침에 신데렐라가 되는 꿈을 꾸었어."

"순대 내 달라고요?"

아이들은 놀라서 물었다. 외국 동화를 접해보지 못한 탈북 아이들은 '신데렐라'를 알지 못했다. 대부분의 탈북 아이들은 소공녀는 알아도 백설공주나 신데렐라는 알지 못했다. 그래서 공주 이야기를 들려주면 정말 재미있어 했다.

어느 날, 아이들에게 모세 이야기를 해줬다. 아이들에게 실감나게 들려주려고 절정 부분에서 음향 효과까지 내며 이야기했다.

"그때 모세가 '짠' 하고 나타나서 … 그 애굽 사람을 … 짜잔."

그런데 밖에서 우리의 이야기를 듣고 있던 호석이 아저씨가 씩씩거리며 문을 열고 들어왔다.

"그러니끼니 그 모세하고 순대넬라가 결혼을 했다 이기야?"

그는 재미있게 웃고 떠드는 우리와 함께하고 싶었지만 내게 만날 욕하다가 갑자기 끼어들기가 어색했던 모양이었다. 그래서 문밖에서 듣고 있는데 내가 실감나게 한다고 시간을 끄니까 급한 성격에 견디지 못하고 뛰어 들어와 뒷이야기를 확인한 것이었다. 그런데 문밖에서 이야기를 띄엄띄엄 들으니 아예 다른 이야기를 창작해냈다.

우리는 깔깔거리며 웃었고, 아이들은 어른들도 재미있어 하는 좋은 이야기로 자신들이 특별대우를 받고 있다는 만족감에 더 환하게 웃었다.

제 별명은 씽치예요

국경 지역에 있는 지인에게 탈북자가 왔다는 소식을 들으면 우리는 일하다 말고 그곳으로 달려갔다. 한번은 백두산으로 탈북자들을 도우러 갔다. 우리의 도움을 받았던 재중 동포가 한국에서 번 돈으로 황기를 재배하고 있었다. 그런데 밭 옆에 간이 쉼터로 만든 움막으로 탈북자들이 밤마다 식량을 얻으러 온다고 했다.

나는 한밤에 탈북자들을 숲 속에서 만나는 게 위험하다고 생각했다. 그들은 상대방이 자신을 도와주러 왔는지 아니면 잡으러 왔는지 알지 못하기에 위험한 행동을 할 수 있기 때문이었다. 그래서 움막으로 가기 전에 함께 사는 탈북 형제들에게 부탁을 했다.

"산속에서 사람을 만나면 무섭잖아요. 그러니 제게 북한식 별명을 지어주세요. 예쁘고 깜찍한 별명이 있으면 제가 그들을 해치러 온 게 아니고 도우러 왔다고 생각하지 않겠어요? 중국 공안이나 북한 특무(탈북자들을 검거하기 위한 특수 임무를 가진 사람)인 줄 알고 저를 때리거나 위해를 가하면 안 되니까요. 예쁘고 깜찍한 별명으로 부탁드려요."

탈북 형제들은 한동안 회의를 하면서 나를 힐끗힐끗 쳐다보더니 나랑 눈이 마주치면 '씨익' 하고 웃었다. 나도 잘 부탁한다는 표정으로 웃었다. 회의를 끝낸 그들이 말했다.

"우리가 론의해보니 '씽치'라는 별명이 좋을 것 같슴다."

"와~ 정말 예쁘고 앙증맞은 별명이네요. 감사해요. 씽치!"

갑자기 탈북 형제들은 입을 틀어막고 방으로 뛰어 들어갔다. 다음 날 아침에 인사를 하고 떠날 채비를 했다.

"언니, 오빠들, 그리고 애들아! 백두산에 잘 다녀올게. 많은 사람들을 돕고 올게. 씽치, 다녀오겠습니다."

그런데 그들이 모두 내 눈을 피하고 돌아서서 어깨를 들썩이며 떨리는 목소리로 잘 다녀오라고 인사했다.

나는 그날 밤에 백두산 자락에 도착했고, 재중 동포의 안내를 받으며 움막 안으로 들어갔다. 입식 생활을 하는 중국인들은 움막에도 침대를 들여놓았다. 연길에서 7시간 동안 차를 타고 온 나는 피곤해서 침대에 엎드려 새벽이 오기를 기다렸다.

잠시 후 숲 속에서 나뭇가지가 흔들리는 소리가 나더니 발자국 소리가 들렸다. 그러고는 북한 말투의 간절한 남자 목소리가 가늘게 들렸다.

"최 동무! 나요, 김씨요."

움막의 주인인 최 씨가 얼른 나가서 그를 데리고 들어왔다. 그는 호롱불 아래에서 자기를 응시하는 나를 보더니 움찔하며 경직되었다. 내가 재빨리 말했다.

"놀라지 마세요. 저는 씽치예요."

그는 갑자기 고개를 갸우뚱하며 알 수 없는 표정을 지었다.

"뭐라고요?"

"제 별명이 씽치예요."

그가 나를 보면서 한참을 웃더니 이내 경직된 그의 표정이 풀렸다. 나는 속으로 '이 별명이 통했구나' 하는 생각에 신이 났다. 그에게 먹을 걸 권하고는 이야기를 시작했다.

그런데 오랜 여행으로 내 몸은 천근만근이었고, 새벽까지 자지 않고 기다렸던 터라 잠이 쏟아졌다. 도저히 앉아 있을 수가 없어 그에게 양해를 구하고 침대에 몸을 누였다. 그런데 침대 앞에 동물한 마리가 보였다. 그가 식량과 바꾸려고 데리고 온 것이었다. 비몽사몽이라 뚜렷하게 보이진 않았지만 앙상한 척추가 살갗 밖까지 드러나 있어서 '치와와(애완견의 일종)를 데려왔구나'라고 생각했다. 그러고는 나도 모르게 바로 곯아떨어졌다.

아침 햇살에 깜짝 놀라 눈을 떴다. 햇빛을 받으며 본 탈북 아저씨는 선하게 생긴 분이었다. 어젯밤에 그를 의심하고 겁냈던 게 미안했다. 그런데 또 한 번 놀랬다. 치와와라고 생각했던 동물은 돼지였다.

"치와와인 줄 알았는데 돼지네요. 그런데 어떻게 돼지가 이렇게 마를 수 있어요?"

그가 말했다.

"우리 딸이 평양에 있는 예술학교에 다니고, 우리도 북에서는 방귀 좀 뀌는(잘나가는) 집안인데 식량난이 계속되어 사람들도 못 먹고 사는 판에 가축을 잘 먹일 수가 없어 돼지가 이름값도 못하게 되었습다."

그동안 살림살이를 팔아서 생계를 유지하고 있었는데, 이번에는 돼지를 팔기로 했다는 것이다. 그러면서 이런저런 이야기를 했다. 그때 그가 내게 조심스럽게 물었다.

"그런데 선생의 별명이 왜 씽치예요?"

내가 말했다.

"제가 좀 곱잖아요. 함께 사는 탈북 가족들이 예쁜 별명을 지어 줬어요. 예쁘죠? 씽치!"

내 말에 그가 웃으며 말했다.

"하하! 씽치는 북한말로 '식충이'라는 뜻이에요."

"네? 무슨 욕이 그렇게 예뻐요? 어감도 좋은데!"

"욕이 아니고 놀리는 말입니다. 그 사람들이 선생을 놀리려고 지어준 것 같습니다."

"사실은 제가 탈북자들이 긴장하지 않도록 예쁜 별명을 지어달라고 했는데…."

그가 웃으며 말했다.

"그건 맞습다. 그 별명을 들으니 긴장이 확 풀리던데요."

내가 집을 떠날 때 왜 탈북 형제들이 입을 막으며 방으로 뛰쳐들어갔고, 뒤돌아서 어깨를 들썩였는지 그제야 이해가 됐다. 나는 연길에 도착하자마자 오랜만에 내가 식사 준비를 하겠다며 화끈한 복수(?)를 해주었다.

첫 번째 외출

탈북 동포들과 함께 생활하면서 유일하게 밖에 나갈 수 있는 날은 도망갈 때뿐이었다. 생활하면서 극도의 긴장감이 조금씩 풀리면서 담력이 어느 정도 생겼고, 그들의 앙상했던 뼈에도 살이 붙으면서 대도시인 북경으로 이사하게 되었다.

많은 사람들이 여행 오는 이곳에 그들은 목숨을 걸고 왔다는 게 마음에 걸렸다. 그래서 하루는 용기를 내어 밖에 나가보기로 했다.

"내가 용돈이 좀 있거든. 우리 나가서 맛난 거 사먹자."

아이들도 어른들도 모두 신나 하며 기뻐했다. 친척들이 신혼여행에서 맛있는 걸 사먹으라며 준 돈으로 그들을 유명한 베이징 카오야(북경오리) 전문점인 '전취덕'에 데려가고 싶었다. 그래서 우리는 나름의 작전을 짜서 왕푸징 거리에 있는 식당으로 갔다. 나는 오리 두 마리를 시키고는 말했다.

"실컷 먹어요!"

그들이 맛있게 먹어야 내가 덜 미안할 것 같았다. 그런데 곧이어 민망한 상황이 이어졌다. 북경오리집은 규모가 어마어마했고, 우리의 행동은 그곳에 있는 사람들의 이목을 집중시켰다. 북경오리는 기름이 가득 찬 겉껍질을 전병에 싸서 먹는 고급 요리였다. 그 식당에서는 요리사가 우리 테이블 바로 옆에서 주문한 오리의 겉껍질을 잘 발라주었다. 그것들을 접시에 담아주면 파와 자장과 함께 밀전병에 싸서 먹는 것이었다.

요리사가 오리의 살을 다 발라낸 후 뼈만 앙상한 오리를 다시 주방으로 가지고 들어가려고 하는데, 한 탈북 청년이 뼈에 살이 붙어 있다며 도로 달라고 했다. 또 옆의 한 청년은 전병에 싸서 먹을 파를 엽차에 담가서 먹으려고 했다. 이런 행동에 주변 사람들이 우리를 수상히 여길까 봐 "제발 얌전히 있으라"고 연신 재촉했다. 이를 지켜보던 한 자매가 나를 돕겠다며 형제들에게 주의를 줬다. 그런데 이 모습이 오히려 주위 사람들을 더 집중시켰다. 우리는 먹는 둥 마는 둥 하고 도망치듯 그곳을 빠져나왔다.

집으로 가는 버스에 타니 안심이 되면서 바로 후회가 밀려왔다. 남한 사람들이 그와 똑같은 행동을 했다면 그저 웃으며 넘어갔을 것이다. 오히려 남은 오리 뼈를 씹으며 남들이 쳐다본다고 해도 당당했을 것이다. 그런데 탈북 형제들이 한 행동은 처음 그 문화를 접한 사람들이 할 수 있는 지극히 평범한 모습임에도 눈치를 보고 전전긍긍했다는 게 마음이 아팠다. '내가 좀 더 의연하게 대처했다면 모처럼 마련한 그 자리를 기분 좋게 끝내지 않았을까' 하는 자책감이 들었다. 생각에 잠겨 있는 내게 한 탈북 형제가 말했다.

"미안해요. 우리에게 잘해주려고 했는데 우리가 몰라서…."

"그게 아니라 내가 미안해서 그래. 미리 일어날 상황에 대비하고 알려줬어야 했는데 그러질 못해서…. 사실 나도 그런 곳에 처음 가봐서 잘 몰랐거든. 오늘 밥을 참 비싸고 배고프게 먹었다, 그치? 우리 얼른 집에 가서 신이 내려주셨다는 라면이나 끓여먹자. 그리고 좋은 음식은 나중에 맘 편하게 남한에 가서 먹자!"

아이들은 고개를 끄덕이며 라면을 먹자는 소리에 행복해했다. 다시 밝아진 탈북 형제들은 북경 시내를 볼 수 있어서 좋았다고 했다. 말썽을 가장 많이 피웠던 현수도 "그래도 그런 데 가봐서 좋았어요"라고 말해서 내가 그를 살짝 흘겨보며 웃었다. 옆에 있던 현일이가 내게 물었다.

"그 북경오리집 음식값이 꽤 비쌀 텐데 얼마나 들었어요?"

내가 손가락을 펴서 보여줬다.

"반지요?"

"어! 반지 한 귀퉁이를 먹은 거다."

그들을 도우려고 내가 결혼반지를 판 것을 그들도 이미 알고 있었기에 공금으로 쓴 게 아니라 내 돈으로 썼다는 뜻으로 말한 거였다. 그런데 그들은 무진장 비싸다는 뜻인 줄 알고 일제히 현수를 다시 째려보며 머리를 한 대씩 쥐어박았다. 내가 깜짝 놀라서 말했다.

"얘들아, 그 반지는 얼마 안 하는 거야. 그냥 금반지야."

보석이 박히지 않은 반지라고 말한 것이었는데 그들이 현수를 한 대씩 더 때리며 말했다.

"그 귀한 금이라잖아!"

북한에서 일반 사람들은 가질 수 없는 귀하디귀한 금이라는 말에 그들은 더 흥분했다.

피난처를 향하여

중국에서 되도록 밝고 재미있게 보내려고 애를 썼다. 하지만 아이들은 학교에 다닐 수도 없었고, 어른들은 사회생활을 할 수도 없었다. 기다리는 시간이 길어질수록 위험에 노출될 확률이 더 높아졌다.

수상한 사람들의 추적을 피해 심양으로 옮긴 지 얼마 안 되었을 때였다. 시장에 다녀오는데 우리 아파트를 무장 군인들이 세 겹으로 포위하고 있었다. 아파트 입구에서 그 광경을 보는 순간, 나는 심장이 멎는 것 같았다.

'내가 이렇게 떨리는데 저 안에 있는 탈북 형제들은 어떨까!'

한나와 내가 군인들에게 무슨 일이지를 물었다. 중국어를 잘 못하는 우리에게 '아파트 안에 살인자가 있어서 검거하러 왔다'라고 손짓 발짓으로 이야기해주었다. 한문을 전공한 나는 대충 알아들을 수 있었다.

범인은 5층에서 군인들과 대치하고 있었다. 우리는 2층에 사는 사람들이니 들어가게 해달라고 부탁했고, 군인들은 위험하니 빨리 다녀오라고 했다. 조심히 들어가서 현관문을 두드렸다.

"우리야, 걱정 말고 문 열어!"

탈북 형제들은 놀라서 충혈된 눈으로 문을 열었다. 그 모습을 보는데 울컥했다. 현수는 부엌칼을 들고 문 옆에 붙어 있었고, 다른 사람들은 야구 방망이를, 여자들은 쥐약을 손에 들고 있었다. 평상시에 그들이 늘 "우리는 북송되면 죽을 거예요. 차라리 여기서 죽는 게 나아요"라고 말했지만, 나는 그냥 지나가는 말이겠거니 했다. 그런데 각자 죽을 방법을 갖고 있었다. 아이들은 겁에 질려 입술이 파란 채로 덜덜 떨고 있었다. 우리를 보자 간신히 울음을 참으며 꼭 끌어안았다.

우리는 서둘러 짐을 싸서 군인들이 내준 문으로 나갔다. 두세 명 정도가 나올 거라고 생각했는데 열댓 명의 사람들이 우르르 나오니 군인들이 의심의 눈초리로 우리를 쳐다보았다.

내가 웃으며 말했다.

"뚜이부치! 워먼 한궈런, 워먼 팅부동"(죄송합니다! 우리는 한국인이고 중국어를 못 알아들어요).

그러고는 탈북 형제들에게 말했다.

"뒤돌아보지 말고 의심받지 않도록 빨리 걸어!"

두 명의 아이들은 나와 한나가 업기도 하고 같이 뛰기도 하면서 안전지대를 찾아 도망쳤다.

중국에서 지내는 생활은 늘 죽음에 대한 공포와 스트레스가 심했다. 책임감 때문에 그들을 사지(死地)에 놔두고 떠날 수도 없었고, 함께하면 죽을 수도 있는 상황이기에 하루하루가 매우 힘들었다.

안전지대에 와서도 불안의 연속이었다. 아이들은 처음에는 다양한 그림을 그리다가 차츰 시간이 지나면서 새만 그렸다. 이유를 물으면 "자유롭게 날아다녔으면 해서…"라며 말끝을 흐렸다. 어른들은 아무것도 할 수 없음에 무기력해지고 힘들어했다.

우리에게 자연스럽고 지극히 당연한 것이 이들에게는 기적이 일어나야 가능한 일이라는 걸 알게 되었다. 그들에게는 무엇보다도 안전한 피난처가 필요했다. 하나님께서 우리가 알고 있던 것보다 그들을 더 많이 사랑하신다는 믿음으로, 그분만을 바라보기로 했다. 그래서 그들이 자유롭게 학교에 다니고, 취직도 하고, 장가들고, 시집가고, 시장도 마음대로 다닐 수 있는 그곳으로 떠나기로 했다. 그리고 우리는 그들과 함께하기로 했다.

3

목숨을 건
사랑

숨 가쁜 탈출

"명숙아, 짧은 치마로 입을래? 화장도 좀 하고…."

"국경에 가는 사람이 웬 꽃단장이야?"

나는 투덜거렸지만 모세 소장의 말대로 화장을 하고 미니스커트를 입고 선글라스를 낀 채 하노이 호텔에서 빌린 승합차를 타고 국경으로 향했다.

1997년, 우리는 그동안 중국에서 돌보던 북한 형제 13명과 도강할 계획을 세웠다. 국경을 넘어갈 곳으로 중국과 베트남 사이의 강으로 된 국경을 선택했다. 두 나라는 여러 차례의 전쟁으로 강을 제외하고는 모든 국경 지대에 지뢰를 설치했기 때문에 어쩔 수 없는 선택이었다. 이호택 간사와 한나, 자원봉사자인 아영이가 중국 쪽에서 관광객으로 위장하여 국경에 접근한 후 강을 건널 계획이었다. 베트남 쪽에서는 모세 소장이 밧줄을 맨 채 헤엄쳐 강 건너편에 밧줄을 묶어놓고 대기하고 있을 예정이었다. 그 사이에 나는 베트남 정찰병을 따돌리기로 했다. 그래서 '꽃단장'이 필요했다. 비자도 없이 국경을 넘는 건 불법이었지만 그 길밖에 없었다.

강을 건넌 후에는 몇 개의 검문소를 통과해 후발대인 희창이 오빠(전 간디학교의 양희창 교장)와 백 선생님(베트남 현지 한국 기업의 직원)이 준비해온 차로 그들과 하노이까지 이동할 계획이었다. 각자 맡은 일을 성공적으로 수행할 수 있기를 기도하며 비장한 각오로 작전을 개시했다. 하노이를 벗어나 대여섯 시간을 달려 국경에 이르렀다.

큰일을 앞두고 많은 생각이 스쳐 지나갔다. 처음 외국인 노동자를 만나 사역을 시작하게 된 것과 북한 동포들을 만나게 된 일까지 그동안 지나온 여정이 영화 속 필름처럼 돌아갔다. 목숨을 걸고 탈북한 그들만 중국에 놔두고 도저히 우리만 한국으로 떠날 수가 없었다. 결국 '주님이 우리와 함께하신다'는 믿음으로 미선이(10세)와 철이(8세), 강호석(40세), 김옥분(40세), 김현일(17세), 현수(18세)와 유선희(48세), 차민호(29세), 김원욱(23세), 임산부인 송차희(26세), 최승룡(26세), 홍화연(37세), 조철남(38세)을 남한으로 탈출시키기로 했다.

우리는 여러 방법을 타진했다. 북경에 있는 중국 주재 한국대사관에 망명신청서를 제출해 교섭해보기도 하고, 그곳에 진입할 계획도 세웠지만 한국 정부에 외교적 부담을 주지 않기 위해 목숨을 걸고 베트남으로 탈출을 감행했다.

10월 18일 저녁 6시 30분부터 7시 40분까지의 무월광(無月光) 시간이 우리에게 주어진 작전 시간이었다. 그 시간에 맞춰 베트남 팀도 중국 팀도 도착해야 했다. 그때가 아니면 밝은 달이 떠서 모든 작전이 수포로 돌아가기 때문이었다.

때마침 열린 대륙간컵 축구 예선전에 베트남과 태국의 경기가 있어 모든 사람의 관심이 쏠려 있었고, 그 틈을 타서 우리는 마지막 검문소까지 다다랐다. 국경 검문소에서는 경비병이 국경 통행금지 시간인 6시가 다 되어가는데 어디를 가냐며 우리를 쏘아봤다. 이때 모세 소장이 나를 팔꿈치로 쳤고, 나는 내 푼수끼를 발휘할 때가 왔다고 생각했다.

"Hello, How are you?"(안녕하세요?)

한껏 들뜬 목소리로 손을 흔들며 인사했다. 미리 입을 맞춰놓은 통역자를 통해 한국에서 온 여행객이라고 우리를 소개하고, 길을 잃어 이제야 도착했다고 둘러댔다. 오늘이 아니면 다시 볼 수 없으니 한두 시간만 머물면서 경관(景觀)을 볼 수 있도록 허락해달라고 했다. 경비병은 모세 소장과 나를 번갈아 보았고, 나는 그들과 눈을 마주치며 연신 웃어댔다. 그들은 어이없다는 듯 웃으며 빨리 갔다 오라며 검문소를 통과시켜주었다.

며칠 전 사전 답사를 할 때 만난 한 농가의 주인에게 미리 준비해 온 채소와 돈을 주며 하이킹을 하던 친구들이 곧 도착할 테니 15인분의 요리를 준비해달라고 부탁했다. 주인은 흔쾌히 수락했고, 나는 화가라고 하며 국경의 강을 그리고 싶다며 밖으로 나왔다. 그리고 강 옆에 스케치북을 펴고 그림을 그리기 시작했다. 내가 그림을 그린다며 사람들의 시선을 끄는 동안 모세 소장은 도강 지점으로 빠져나갔다. 손으로는 그림을 그리고 있었지만 눈은 국경의 강을 응시하며, 귀는 온통 모세 소장의 소리를 찾고 있었다.

그때 "스톱"(stop)이라고 외치는 소리가 들렸다. 논에서 두 명의 베트남 군인이 내게 총을 겨누며 다가왔다. 그러고는 총부리로 손을 들라는 시늉을 했다. 그들은 나와 통역자, 운전수를 툭툭 치며 앞으로 걸어가라고 했다. 한 명은 내 옆구리에 총을 대고 걸었고, 다른 한 명은 뒤에서 따라왔다. 나는 애써 태연한 척하며 걸었다. 그러면서 약간은 정신없는 관광객처럼 보여야 한다는 생각이 들었다. 통역을 통해 그간의 상황을 설명하고 "It's a wonderful river!"(아름다운 강이네요!)라는 말을 쉴 새 없이 했다.

그렇게 논길을 따라 방금 전 저녁 식사를 준비시킨 농가로 향했다. 모세 소장이 헤엄칠 지점이 가까웠을 때는 미리 얘기해둔 대로 "It's a wonderful river!"를 손 모아 불러 메아리치게 했고, 같은 톤으로 "위험해, 잡혔어, 조심해"를 함께 외쳤다. 겉으로는 아무렇지도 않은 척했지만 내 심장은 타들어가는 것 같았다. 몸이 덜덜 떨려 논길을 걷는 게 마치 꿈속을 걷는 것처럼 느껴졌다.

마지막 방법

베트남 군인들은 저녁을 준비시킨 농가의 식탁에 나를 앉혀놓고 심문을 시작했다. 예리한 눈빛으로 내 표정을 살피며 물었고, 다른 한 명은 내게 총을 겨누었다. 처음 겪는 상황에 당황한 통역은 긴장하여 통역을 제대로 하지 못했고, 그 틈에 나는 질문을 챙겨 들으며 기도할 수 있었다.

그때 개들이 짖는 소리와 물 지치는 소리, 사람들의 웅성대는 소리가 들려왔다. 나를 심문하던 군인이 수상히 여겨 정찰을 하러 나가려고 했다. 순간적으로 나는 그의 팔을 덥석 잡아 함께 사진을 찍자며 팔짱을 끼고 그를 세웠다. 카메라를 기사에게 주며 사진을 찍어달라고 여러 가지 포즈를 취했다. 그는 황당한 표정으로 다시 자리에 앉아 심문을 시작했다. 내가 말했다.

"우리 아버지는 따이한(월남 파병군인)이에요. 월남전만 생각하면 늘 마음이 아프시다며 베트남에 호텔과 학교를 지으라고 하셨어요. 그래서 마땅한 곳을 찾다가 이곳이 제격이라는 말을 듣고 찾아왔다가 길을 잃어 이제야 도착하게 되었네요."

월남 군인으로 파병되었던 아버지의 실제 이야기에 거짓말을 조금 보태서 위기의 순간을 겨우 모면했다. 경비병은 통역을 통해 "이곳은 중국과 맞닿은 국경이고, 우리는 전쟁을 치른 국가이다. 길 외에는 전부 지뢰밭인데 그것을 몰랐나"라고 어이없어하며 웃었다. 내가 심문을 당하는 동안 강에서는 "나 좀 살자, 엄마는 어디 있어? 줄을 꽉 잡아"라는 소리가 들려왔다. 13명의 북한 형제들이 중국과 베트남 국경을 건너고 있었다.

낮에 우리가 전화로 안전하다는 잘못된 정보를 줘서 긴장을 풀게 한 게 이런 결과를 만들었다는 자책이 들었다. 어떻게 해서든지 그 소리가 경비병들에게 들리지 않게 하려고 몇 단어 알지도 못하는 베트남어를 총동원하여 시간을 끌었다.

경비견의 짖는 소리와 사람들의 목소리가 점점 커지고 혼내는 소리가 들리니 옆에 있던 통역은 "중국 쪽에 안 좋은 일이 일어난 것 같다. 누군가 체포된 것 같다"라고 말하며 손으로 목을 긋는 제스처까지 했다. 어떤 상황인지 알 수 없는 나는 모두 잡혀 끌려갈 것 같은 부정적인 생각이 들었고, 곧 일어날 끔찍한 상황이 무서웠다.

그때 농가 주인이 부탁했던 15인분의 식사를 내왔다. 두려움을 떨치기라도 하려는 듯 나는 정신없이 먹기 시작했다. 심문이 계속되었지만 나는 음식만 먹어댔다. 그러다 '이렇게 고통스럽게 죽기를 기다리는 것보다 차라리 자살을 할까' 하고 생각했다. 혼자서 고통을 겪어야 하는 현실이 몹시 서글펐고 외롭게 느껴졌다. 그런데 누군가 내 머리를 살짝 치는 것처럼 '하나님께서는 이런 나를 어뗗게 보실까'라는 생각이 들었다.

'예수님이시라면 이 상황에서 어떻게 하셨을까? 그래, 고통스럽더라도 함께 겪으면서 죽자. 그것이 그들을 사랑하는 우리의 마지막 방법이다.'

나는 회개하며 차분히 팔의 힘을 뺐다. 그 순간 한 경비병이 소리를 내어 웃기 시작했다. 나는 깜짝 놀라 정신을 차리고 무슨 일인지 통역에게 물었다.

"'여자가 젓가락을 이상하게 잡고 어떻게 이 많은 양을 혼자 다 먹느냐? 내 일주일치 식량이다'라고 말했어요."

정신을 차려보니 내가 칼을 쥐듯 젓가락을 잡고 음식을 찍어 먹고 있었다. 게다가 15인분의 음식을 혼자 다 먹어버렸다. 괴력의 내 식성 덕분에 모두들 웃으며 부드러운 분위기로 바뀌었다. 하지만 곧이어 경비병들은 정찰을 해야 한다고 나갔고, 더 이상 막을 수가 없었다.

한편 이호택 간사는 어둠 속에서 베트남에서 건너올 모세 소장을 찾아 헤맸으나 강물 소리로 인해 찾기가 불가능했다. 남편은 얼마 남지 않은 시간 때문에 초조해서 홍해 앞에 선 모세처럼 기도했다. 그런데 그때 바로 눈앞에서 모세 소장이 강물 속에서 수풀을 헤치며 "형, 나야"라고 대답하며 나왔다. 남편은 '정말 예수님을 만난 것처럼 반가웠다'며 그때의 일을 기억할 때마다 감격스러워 한다.

죽이시면 죽겠습니다

드디어 모세 소장이 탈북 형제들과 함께 저녁을 준비해둔 곳, 내가 넋을 잃고 앉아 있는 그곳으로 들어왔다. 모두 강을 무사히 건넜다. 모세 소장이 나를 재촉하며 말했다.

"명숙아, 모두 무사히 건너왔어. 하노이로 가야 해. 빨리 가자."

"그, 그런데 내가 잡혀서 여태 심문을 받았어. 낮에 보지 못했던 검문소가 한 군데 더 있었어. 이대로 가면 잡힐지도 몰라."

"그럼 일단 이곳을 나가야 돼. 빨리 산길로 가자."

국경을 건너느라 수고했다는 말 한마디를 하지 못하고 13명의 탈북 형제들과 소장과 나는 길을 재촉했다. 그러나 100미터도 채 못 갔을 때 경비병들이 소리를 지르며 총을 겨누어 모두 소스라치게 놀랐다. 우리는 첫 번째 검문소(내게는 두 번째 관문인 곳)에서 잡혔고, 나는 처음에 심문했던 경비병들의 상관에게 다시 심문을 당했다. 젊지만 계급이 높아보이는 그는 다른 군인들보다도 예리하고 섬뜩하게 우리를 살펴본 후에 본부대로 이송해 본격적으로 심문하려고 했다.

그때 우리는 모두 따로 심문하면 말이 달라져 들통이 날까 봐 걱정했다. 그때 모세 소장이 말했다.

"명숙아, 너만 영어할 줄 안다고 해."

그러고는 그는 천연덕스럽게 못 알아듣는 척했다. 군인들은 할 수 없이 나만 이송하기로 했고, 그와 북한 형제들은 첫 번째 초소에

갇혀 있어야 했다.

초소를 나가니 나를 호송하기 위해 지프차 1대와 앞뒤에서 함께 할 오토바이 2대가 보였고, 군인들이 무서운 얼굴로 나를 쳐다보았다. 순간 섬뜩한 그 눈빛에 나는 반사적으로 한 발을 앞으로 내딛으며 도망가려고 했다. "하나님께서 죽이시면 죽겠습니다" 하고 서원했지만 위기의 순간이 되어서는 본능적으로 위기를 피해 도망가고 싶었다.

그때 미안한 마음에 뒤를 돌아보았다. 어른들은 마치 도살장에 끌려가는 눈빛으로 나를 바라보았고, 미선이와 철이는 천진하게 나를 쳐다보고 있었다. 그 아이들은 진심으로 나를 신뢰하고 있었다. 무서워 도망가려는 나를⋯. 순간 나는 그 눈빛들을 외면하고 살아갈 자신이 없어서 공포감을 삼키며 하나님 앞에 회개했다.

그런데 갑자기 온몸이 몽롱해지더니 내 귀에 어떤 사람들의 기도 소리가 들려왔다. 그것은 남편의 친구들이 중보하는 기도 소리였다. 북녘 동포들의 생명을 담당한 큰 책임 앞에서 남편은 미리 기도하는 친구들에게 그 시간에 금식 중보기도를 부탁했고, 신실한 몇몇 친구들이 그에 맞춰 기도를 한 것이었다.

정확하게 무슨 내용인지는 알 수 없었지만 그 소리를 듣자마자 '내가 오늘 살겠구나. 주께서 함께하신다'라는 확신이 들었다. 하나님께서 내가 겁을 먹고 실수할까 봐 함께하신다는 걸 알려주시기 위해 친구들의 기도 소리를 들려주셨다는 걸 깨달았다.

나는 마음속의 보물(중보기도)을 감춘 채 군용차에 올라탔다. 영문을 알지 못하는 모세 소장이 안타까워하며 창문을 통해 "명숙아, 우리 모두 기도할게"라며 내 손을 꼭 잡고 한참을 바라보았다.

나는 군인들에게 "오해가 있는 것 같으니 한국대사관과 연결시켜 달라. 변호사를 불러 달라"라고 점잖으면서도 당당하게 말했다. 그랬더니 그들의 무례함이 진정되었고, 다행히 내게 수갑을 채우지 않았다. 밖을 내다보니 원래 우리의 계획 지점을 지나게 되었다. 그곳에서 사람들의 눈을 피해 산길로 걸어온 후 후발대로 대기하던 희창이 오빠의 차로 탈출시키려는 계획이었다.

그런데 도로에 군인들이 100미터에 둘씩 담배를 피우며 정찰을 돌고 있었다. 그 모습을 본 나는 경비병에게 물었다.

"왜 숲 속에 숨어서 정찰하지 않고 도로에서 담배를 피우며 다니지요?"

"사람이 다니는 길 외에는 모두 지뢰밭이기에 길에서만 정찰하면 됩니다. 밀수꾼들도 살려고 하는 짓이기 때문에 지뢰밭으로 들어가진 않습니다. 그래서 길에 서 있으면 다 잡을 수 있습니다."

그의 대답에 나는 끌려가면서 생각했다.

'우리의 계획대로 했다면 모두 죽었겠구나. 하나님께서 우리를 살리시려고 실패하게 하셨구나!'

그러자 혹여라도 잡혀 있는 나머지 사람들이 이 사실을 몰라 무서워서 지뢰밭 쪽으로 도망칠까 봐 걱정되었다.

적은 돈을 주어라

큰 부대로 끌려간 나는 텅 빈 방 한가운데에 앉아 10여 명의 군인들의 심문을 받았다. 그들은 나를 남한에서 온 정신 나간 관광객 쯤으로 생각하는 듯했다. 시장에서 산 빨간 립스틱을 바른 입술에, 파란 아이섀도를 바른 눈에 이것저것 열심히 찍어 바르다보니 거울에 비친 내 모습은 마치 영화 〈패왕별희〉의 주인공인 경극 배우 같았다(지금도 그렇지만 나는 예쁘게 화장할 줄 모른다).

그리고 원래 나는 무서우면 웃는 버릇이 있는데, 그 상황이 어찌나 겁나고 무서웠던지 정말 쉴 새 없이 웃었다. 그런데 가면을 쓴 것처럼 진하게 화장한 '패왕별희 화장술'은 웃으면 웃을수록 더 끔찍하게 보였던 것 같다. 짧은 치마를 입고 군인들이 묻기만 하면 빨간 입술 사이로 하얀 치아를 드러내며 웃으니 누가 봐도 영락없이 정신 나간 사람이었다.

모두들 그렇게 속는 듯했다. 그런데 심문하던 군인들 중에 유독 키가 크고 건장한 한 군인이 아주 신경질적으로 일어섰다. 대체로 베트남 군인들은 안타까울 정도로 몸이 왜소한데, 그는 180센티미터가 넘는 듯 보이는 건장한 체격에 아주 날카로운 눈매를 지니고 있었다. 그런 그가 내게 따라오라는 손짓을 하며 앞장섰다.

어떤 상황인지 미처 파악하지 못한 채 나는 그를 따라가고 있었다. 그는 어느 방 앞에 멈춰서더니 문을 열고 들어갔고, 나는 얼떨결에 따라 들어갔다. 방안에는 침대가 하나 놓여 있었고, 촉이 낮은 백열등이 희미하게 비치고 있었다. 그가 뒤를 돌아서서 나를 보더니 씨익 웃으면서 방문을 잠갔다. '딸깍' 하고 문을 잠그는 소리에 정신이 번쩍 들었다.

북한 형제들을 사랑했기에 그들의 목숨을 살리기 위해서라면 무슨 일이든 할 수 있었지만 전혀 고려하지 않은 일이 벌어지고 있었다. 그는 나를 위아래로 훑으며 한참을 쳐다보았다. 소름이 끼쳤지만 나는 그 눈빛을 이겨내야 했다. 내 머릿속에는 온갖 불길한 상상이 맴돌았다.

'만약 정말 못된 일을 겪는다면 어떻게 해야 하나? 결혼한 지 반년 밖에 되지 않았는데 남편에겐 얼마나 큰 상처가 될까? 설마 하나님께서 나를 이런 처참한 상황에 내버려두실까?'

그런데 생각해보니 여태껏 나를 죽을 고비에서 살려주신 하나님이셨다. 적어도 내가 아는 그분은 약하고 어린 사역자의 민망한 희생까지 필요한 분이 아니셨다. 그때 "강하고 담대하라"라는 여호수아서의 말씀이 생각났다. 이는 연약한 우리에게 주신 하나님의 명령인 줄로만 알았는데, 하나님이 어떤 분이신지를 우리가 제대로 알기만 하면 자연스럽게 강하고 담대해진다는 공급의 예언임을 알게 되었다.

내가 네게 명령한 것이 아니냐 강하고 담대하라
두려워하지 말며 놀라지 말라

네가 어디로 가든지 네 하나님 여호와가

너와 함께하느니라 하시니라

수 1:9

하나님이 얼마나 힘이 있으시고 위대하신 분이신지 생각하니 갑자기 강하고 담대한 마음이 생겼다. 그래서 나를 위아래로 징그럽게 쳐다보는 그를 나도 함께 쳐다보기 시작했다. 나도 그가 하는 것처럼 위아래로 쳐다보며 웃었다. 그렇게 5분 정도 눈으로 기를 뿜어내면서 서로 쳐다보았다. 그 시간이 그때까지 내가 살아온 28년보다 더 길게 느껴졌다.

13명의 탈북자를 구조하느라 불법으로 국경을 넘었던 나는 의심의 눈초리로 쳐다보는 베트남 군인과의 눈싸움에서 이길 수 없었다. 그런데 그때 누군가 내 앞에서 나를 대신해서 싸워주는 것 같았고, 나는 포근한 그분의 등에 기대어 이 모든 상황을 편하게 바라보는 것 같았다.

얼마의 시간이 지났을까, 그가 갑자기 웃으며 내게 오른손 엄지와 검지손가락을 비비며 돈을 달라는 시늉을 했다. 나는 속으로 뛸 듯이 기뻤다. 당시 내게는 1만 달러가량의 돈이 있었다. 탈북자들을 구출하다 문제가 생기면 돈으로라도 해결하려고 갖고 있던 비상금이었다.

내가 허리춤에 찬 전대를 풀려고 할 때 누군가 내 손을 당기는 것 같았다. 또 누군가 내 귀를 잡아당겨 '적은 돈을 주어라'라고 말하는 것 같았다. 아침에 시장에서 립스틱과 아이섀도와 치마를 사고 남은 돈이 200달러 정도 있었다. 나는 그중에서 20달러를 그에게 주었다. 그는 신이 나서 방문을 열고 나갔다. 그 순간 나는 간이 철렁 내려앉았다. 조금 전까지 나를 심문하던 10여 명의 군인들이 한 줄로 서 있는 게 아닌가!

만약 내가 하나님의 음성에 순종하지 않고 '내가 희생을 해서라도 탈북자들을 살려야 한다'면서 하나님보다 앞서 인간적인 생각을 했다면 어떤 상황이 벌어졌을지 눈앞이 캄캄했다. 군인들은 한 명씩 웃으며 들어왔고, 모두 손가락을 비비며 돈을 달라고 했다. 나는 골고루 나눠주었고, 우리 일행에게 쪽지를 건넬 수 있게 해달라는 조건으로 한 군인에게 10달러를 더 주었다.

종이에 한글로 '모든 게 잘됐으니 걱정 말고 조금만 참아. 금방 갈게'라고 썼다. 쪽지는 중간 초소에 잡혀 있는 일행에게 전달되었고, 나는 또 다른 걱정거리가 떠올랐다. 약속 시간인 7시 30분까지 승합차를 대기하고 있던 희창이 오빠 일행의 행방이었다. 국경에서 7시간이나 배회하면 의심받을 것 같아 먼저 그와 약속한 장소로 뛰어갔다. 순간 어둠 속에서 숲 속으로 뛰어가는 사람들이 보여서 내가 소리를 냈다.

"오빠, 나예요, 걱정 마세요."

내 목소리를 듣고 백 선생과 희창이 오빠가 숲에서 나오며 가슴을 쓸어내렸다. 그들은 어둠 속에서 길을 잘못 들어 베트남 국경의 최종 검문소를 지나치다 총격을 받을 뻔했고, 감금되었다가 몇 시간 동안 열심히 설명하여 겨우 풀려나 약속 장소에 막 도착한 것이었다.

아무도 보이지 않자 자신들이 늦게 도착하는 바람에 모두 잡혀 일이 틀어진 줄 알고 침울해하다가 위험에 처하더라도 상황을 알아보려고 비장한 각오로 부대 안으로 들어가려던 중이라고 했다. 그러다가 어둠 속에서 뛰어오는 나를 경비병인 줄 알고 숲 속으로 뛰어든 것이었다.

하노이로 가다

우리 일행은 모두 풀려났고, 대기하고 있던 차로 향했다. 곧 날이 밝으면 우리가 강가에 버려두고 온 구명조끼와 밧줄과 옷가지들이 발견될 것이다. 그러면 중국에서 월경한 것을 안 군인들이 뒤쫓아올 게 뻔했다. 한시도 지체할 수가 없었다. 재회의 기쁨도 누리지 못한 채 굳은 얼굴로 북한 형제들을 차에 태웠다. 설명할 여유도 없이 기사를 재촉했다. 다시 잡히면 어떤 변명도 통하지 않을 것이고, 무슨 일을 겪게 될지 알고 있었기에 발을 동동 구르며 앞으로 달려갔다.

차는 열심히 달렸지만 나는 그 움직임이 더디고 답답하게만 느껴졌다. 속으로 "주여, 주여, 제발…" 하면서 기도했고, 무의식적으로 발을 계속 구르는 바람에 기사가 운전을 할 수 없다고 나를 쳐다보며 "please … stop"(제발 … 멈춰요)이라고 이야기할 정도였다. 나는 침착해지려고 애를 썼다.

6시간을 달려 새벽이 되어 하노이에 도착했다. 대사관이 문을 여는 시간까지 몇 시간을 더 기다려야 했다. 그래서 외국인인 우리가 의심받지 않는, 관광객들이 많은 하롱베이로 가서 떨리는 마음을 가라앉히고자 했다. 하롱베이에서 겨우 한숨을 돌리고 있는데 원욱이가 조용히 내게 다가와 물었다.

"선생님들은 왜 이런 일을 하세요? 처음에 저는 선생님들이 안기부 요원인 줄 알았어요. 그래서 잡힐 염려도 없을 것이고, 잡혀도 알아서 다 풀려나갈 거라고 생각했지요. 그런데 우리와 함께 잡혀서 고초를 겪고 힘들게 일하는 걸 보니 선생님들도 우리 같은 인민이라는 걸 알았어요. 그런데 정말 왜 이런 일을 하세요? 끌려다니고 도망 다니면서 죽을 수도 있을 텐데…. 우리는 정치적인 가치도 없잖아요. 그러니까 중국의 한국대사관에서도 우리를 안 받아준 것이고요."

어린 현일이도 가세했다. 나는 원욱이와 현일이의 눈을 번갈아 보면서 말했다. 다른 친구들도 서서히 내 주변에 모여들었다.

"내가 자란 곳은 빈민촌이야. 어린 나는 스스로 가치가 없는 사람이라고 생각하며 살았지. 그런데 하나님께서 나를 사랑하신다는 걸 깨닫게 되었고, 그 큰 사랑을 받아보니 정말 감격스럽고 좋았어. 너희들도 그 사랑을 받게 하고 싶어서 이런 일을 하는 거야. 너희들이 얼마나 소중한지 알리고 싶어서…."

내 말이 무슨 뜻인지 알 수 없다는 듯이 북한 청소년들은 고개를 갸우뚱거렸다. 그때 막내 철이가 알겠다는 듯이 말했다.

"선생님이 우리를 포섭해가면 하나님이 영웅 칭호를 주지요?"

그 말에 우리는 한바탕 웃고 말았다. 그러면서 하노이까지 오는 중에 아이들을 재촉하며 불안함과 초조함을 보였던 내 모습이 떠올랐다. 성경은 "사랑은 허다한 두려움을 덮는다"라고 말씀했는데 내 사랑이 턱없이 부족하다는 생각이 밀려왔다.

'얘들아, 선생님이 많이 미안해. 앞으로 너희들을 더 많이 아껴주고 사랑할게. 지금 부족했던 사랑은 내가 평생 동안 채워갈게.'

나는 주변에 모인 아이들의 눈을 일일이 맞추며 다짐했다.

그렇게 우리는 꿈같은 몇 시간을 보낸 뒤 다시 하노이로 돌아왔다. 우리의 목적지인 한국대사관 앞에 다다랐고, 모두들 심호흡을 했다. 모세 소장은 미리 준비한 신약 성경을 한 권씩 나눠주었다. 나는 대사관으로 들어가는 한 사람 한 사람에게 말했다.

"만약 너희들에게 무슨 일이 생기면 하나님께 기도해, 알았지?"

얼마 후 북한 동포들 모두 대사관에 진입했고, 우리는 문밖에서 한참을 기다렸다. 우리가 방문할 것을 전혀 예상치 못한 대사관에서는 어쩔 줄 몰라 했지만 이내 북한 형제들에게 진술서를 쓰게 했고, 여권을 만들기 위해 한 명씩 증명사진을 찍었다.

모든 일이 잘될 것 같았는데 갑자기 미선이 엄마가 쓰러져 하노이에 있는 병원으로 옮겨지면서 불길한 예감이 들었다. 하지만 하나님께서 이 일을 통해 뭔가 하실 것을 감지하면서 우리는 한국으로 귀국했고, 그들과 다시 만날 날을 기대했다.

핑퐁난민 사건

1997년 11월 15일, 베트남에서 헤어졌던 북한 형제의 일행인 홍화연 언니에게서 전화가 왔다. 울먹이며 떨리는 목소리였다.

"한국대사관에서 생활한 지 20일 만인 11월 10일에 베트남 외무성으로 옮겨졌고, 며칠 후 바로 우리가 강을 건넌 곳인 국경 지뢰밭으로 쫓겨나 숲에서 헤매다 모두 헤어졌어요. 나는 구사일생으로 지나가던 오토바이를 탄 중국 장족의 할아버지께서 구해주셨지만 다른 사람들은 아마 죽었을 거예요."

나는 청천벽력과 같은 소리에 놀라 눈물도 나오질 않았다. 그리고 곧 화가 났다.

'하나님, 우리가 죽을 고비를 몇 번이나 넘고, 또 얼마나 고생해서 그곳까지 들어갔는데 어떻게 이런 일이 일어날 수 있지요?'

처음에는 북녘 동포를 만나게 하시고 인도하신 하나님께 원망하는 마음이 들었다. 죽을 고생을 한 결과가 죽음이라면 목숨 걸고 도강했던 그 일들은 다 뭐가 되냐고, 살겠다는 처절한 몸부림으로 우리를 따랐던 그들을 죽게 하시는 법이 어디 있냐고, 나는 참담한 심정으로 하나님께 부르짖었다.

그렇게 기도하다가 도강하던 그날 밤에 하나님께서 내게 들려주셨던 중보기도가 생각났다.

'만일 주께서 죽이려고 하셨다면 그날 죽이셨을 거야.'

한줄기 믿음이 생겼다. 그리고 중보기도를 해야 한다는 생각이 들어 뜻을 같이한 사람들과 함께 기도하기 시작했다. 우리는 그들을 살리기 위해 즉각 기자회견을 했고, 많은 기자들은 거절당한 북한 형제들이 지뢰밭에서 모두 죽었을 거라는 안타까운 내용의 보도들을 쏟아냈다. 신문과 방송은 지뢰밭에서 죽었을지도 모를 가엾은 북한 형제들에게 '핑퐁탈북난민'(중국과 베트남 국경 지대에서 양국이 서로 받지 않으려고 네 번이나 주고받다가 지뢰밭으로 쳐낸 북한 형제들)이라는 별명까지 붙여주었다.

그러나 우리는 우리 눈으로 그들의 생사를 확인해야 했다. 그리고 뭔가 하나님께서 비밀히 숨겨두셨을지도 모를, 세상이 알지 못할 섭리를 찾아야만 했다. 기자회견으로 신분이 드러나서 어려움이 예상되었지만 우리는 위험을 무릅쓰고 그들을 찾으러 또다시 국경 지대로 달려갔다.

우리가 기대한 대로 하나님께서는 모든 사람에게 역사하셔서 극한 어려움 속에서도 각 사람을 지켜주셨고, 사고가 난 지 6개월 만에 13명의 북한 형제를 모두 찾을 수 있었다. 우리는 다시 힘을 써 중국에 남겠다고 한 송차희 부부를 제외한 나머지 11명을 한국으로 입국시켰다.

중국에 여전히 위험에 처해 있는 탈북자들이 있다는 걸 알았지만 우리는 신원이 노출되어 한국에서 일할 수밖에 없었다. 솔직히 나는 다행이라고 생각했다. 다시 중국에 가서 목숨을 걸고 숨 줄이며 일할 자신이 없었다. 그렇다고 '형제의 아픔을 알고 있는 자'로서 아무 일도 하지 않을 수 없어 국내에서 통일을 준비하는 일을 해야겠다고 생각했다.

언젠가 죽음의 관문을 어렵사리 통과해 남한에 온 탈북자들이 털어놓는 솔직한 심경을 들은 적이 있었다.

"북한에서는 배고파서 못 살겠고, 중국에서는 잡혀갈까 무서워서 못 살겠고, 남한에서는 몰라서 못 살겠다."

그들의 말에 '지금 우리가 무엇을 해야 하는가'에 대한 답을 얻었다. 북한에 있는 사람들에게는 '식량 지원'을, 중국에 있는 사람들에게는 '보호'를, 남한에 온 사람들을 위해서는 '교육'을 해야겠다고 생각했다. 남한에 온 탈북자들이 잘 적응하고, 그것을 토대로 통일을 잘 준비하기 위해서는 교육이 가장 확실한 방법이었다. 그래서 한국에서 탈북 청소년들을 가르치는 일을 하기로 마음먹었다.

귀국한 남편은 난민들을 위해 일하기로 했다. 중국에서 탈북자들을 난민으로 처우하고 보호해야 한다고 말하면 중국 사람들이 되레 우리에게 질문했다.

"일제강점기에는 중국에 한국 망명 정부가 있었고, 6·25때는 전 국민이 난민이었습니다. 그런데 지금 한국은 몇 명의 난민을 인정하며 보호하고 있나요?"

우리에게 먼저 자신을 돌아보고 중국에게 탈북자 문제를 말하라는 거였다. 그들의 말에 깊은 울림이 있었고, 우리 부부는 귀국하여 난민들을 위한 사단법인 '피난처'(pnan)를 1999년에 설립했다. 이 단체를 통해 탈북 동포들을 난민으로 돌아보게 했으며, 동시에 외국인 노동자 속에서 움츠리고 있던 외국인 난민들을 위한 사역을 개척했다.

감사의 보답

우리 부부가 가난하게 태어나 외국인 노동자를 돕다가 탈북 동포들을 만나고, 지금의 난민 사역과 여명학교를 섬기는 과정은 하나님의 의지대로 자연스럽게 진행된 것이었다.

새로운 사역을 준비하면서 나는 아이를 한 명만 낳기로 결심했다. 일도 많아지고 경제 형편이 넉넉하지 않을 것이기 때문이었다. 그런데 큰아들을 낳고 7개월 만에 둘째 딸을 임신했다. 당연히 기뻐해야 할 일이었지만 당시 피난처를 설립하고 벌인 사역이 많아서 감사와 기쁨보다는 솔직히 걱정이 앞섰다.

그렇게 3개월이 지났을 때 의사가 아이의 심장이 뛰지 않는다며 바로 수술을 해야 한다고 했다. 하나님께서 내게 선물로 주신 생명을 감사하지 않아서 생긴 일 같아 죄책감이 들었다. 며칠 동안 울며 회개하며 기도했다. 그런데 뭔가 내 안에서 회복되는 듯한 느낌이 들었다. 수술하기 직전에 내가 의사에게 말했다.

"마지막으로 한 번만 검사를 해주세요. 아이가 살았을지도 모르잖아요."

내 간절한 부탁에 의사는 아이의 상태를 점검해보기로 했다. 그런데 초음파 영상을 보던 의사가 깜짝 놀랐다. 죽은 줄 알았던 아이의 심장이 활기차게 뛰고 있었던 것이다. 의사가 황당하다는 듯이 "귀신이 곡할 노릇이네요"라고 했고, 나는 "하나님의 은혜지요"라고 대답했다.

둘째를 임신한 지 8개월 때였다. 당시 15개월이던 큰아들 시헌이가 갑자기 코피를 흘리더니 멈추지 않아서 서울대병원 응급실로 갔다. 여러 검사를 마친 후 의사가 만삭인 내가 충격을 받을까 봐 조심스럽게 말했다.

"아드님이… 준비하셔야 할 것 같습니다."

"뭘 준비해요? 무슨 준비요?"

영문을 모르는 나는 의사를 쳐다보았고, 민망한 듯 얼굴을 돌리는 의사의 눈빛에서 차가운 절망감을 느꼈다. 그는 아들의 간에 치명적인 이상이 있다고 말했다.

나는 만삭 상태에서 간 이식을 해줄 수가 없었다. 곧 죽을 거라는 아들 앞에서 아무것도 해줄 수 없어 가슴이 미어졌다. 그때 입으로 뭔가 넘어오는 게 느껴졌다. 뱉어보니 핏덩어리였다. 그러고는 하염없이 코피가 흘렀다. 아들이 흘리는 것처럼 나도 코피를 흘리고 있었다. 배 속에 있는 태아는 자기도 챙겨달라는 듯 내게 맛있는 것을 먹여달라고 신호를 보냈지만 아들 걱정에 먹을 수도 잘 수도 없었다. 기도밖에는 정말 아무것도 할 수가 없었다.

그러다 어느 날 기도하는 중에 하나님께 이렇게 부르짖고 있는 나를 발견했다.

"하나님! 제 아들을 살려주시면 죽기를 각오하고 하나님의 아이들을 키울게요. 제발 살려주세요."

그날 이후 의사들이 놀랄 정도로 아들은 빠르게 회복되어갔고, 850을 넘겼던 간 수치가 하루에 200씩 떨어졌다. 곧 죽을 거라고 했던 아이가 입원한 지 2주 만에 퇴원해도 좋다는 말을 들었다. 이 말을 듣고서야 계속 흐르던 내 코피도 거짓말처럼 멈췄다.

중국에서 여러 번 죽을 고비를 넘긴 나뿐 아니라 내 아들과 딸 또한 죽을 고비에서 살려주신 하나님께 감사했다. 그리고 하나님께서 가장 마음 아파하시는 탈북 동포들을 내 아들과 딸처럼 사랑하며 키우기로 마음먹었다.

2003년에 탈북 청년들을 가르치는 야간 학교인 '자유터학교'를 피난처 산하에 설립했고, 2004년에는 하나님과 후원자들에게 위임받아 '여명학교'를 개교했다. 그때 나는 둘째를 낳은 직후였음에도 밤낮으로 일해야 할 정도로 정신없이 바빴다. 아이들의 자는 모습을 보고 일찍 나갔다 밤에 잘 때에 들어오는 날이 많았다. 그렇게 내 아이들은 방치하다시피 키웠다.

어느 날, 다섯 살이 된 딸아이와 대중목욕탕에 갔다.

"가연아, 넌 꿈이 뭐야? 커서 어떤 사람이 되고 싶어?"

딸이 환하게 웃으며 말했다.

"난 이다음에 커서 새터민(탈북민의 별칭)이 될 거야."

"새터민? 왜 새터민이 되고 싶어?"

"엄마가 새터민을 좋아하잖아. 그러니 새터민이 되면 엄마랑 계속 같이 있을 수 있잖아."

딸이 하는 말에 여러 가지 생각이 들었다.

'어린 눈에도 내가 탈북 학생들을 사랑하는 게 보이는구나.'

또 한편으로는 엄마와 같이 있고 싶은 게 꿈이 되어버린 딸에게 정말 미안했다.

"가연아, 새터민이 되려면 장군님(당시 김정일을 일컫는 말)을 한 번 만나고 와야 하는데 어쩌지? 그런데 통일이 되면 엄마가 네 꿈을 이뤄줄 수 있어. 우리 가족이 빨리 새터민이 되게 해달라고 하나님께 기도하자. 네가 기도하면 하나님께서 들어주실 거야."

"응, 엄마!"

그러고는 작은 입을 오물거리며 기도하기 시작했다.

두 아이가 커 가면서 입학식이나 졸업식 같은 중요한 행사에는 거의 참석하지 못했다. 여명학교에서도 같은 날에 같은 행사가 있기 때문이었다. 아이들이 사춘기가 되면서 조금이라도 더 신경을 쓰려 했지만 내게는 또 다른 자녀들이 많았다. 그렇다고 내가 낳은 아이들을 포기할 수도 없었다. 나는 아들이 중학교에 들어갈 때쯤 사역자의 자녀가 지닌 숙명에 대해 말했다.

"엄마는 너와 가연이가 간이 아프다고 하면 간을 떼어줄 거고, 심장이 아프다고 하면 심장이라도 떼어줄 거야. 나는 너희들에게 그런 보험 같은 사람이야. 그런데 내가 가르치고 있는 형과 누나들은 아플 때 대신 아파해줄 엄마가 안 계셔. 그래서 평상시에는 내가 그들 옆에 있어줘야 해. 알지?"

그러고는 아들에게 기숙사가 있는 대안학교에 지원하게 했다. 그곳의 교사들을 잘 알기에 신뢰가 갔고, 학비가 저렴하기 때문이었다. 아들은 몹시 못마땅해 하면서도 성품대로 성실하게 면접에 임해 합격을 했다. 그런데 정작 시험에 합격하자 아들이 눈물을 보이며 말했다.

"엄마, 내가 왜 집과 친구들을 떠나서 기숙 학교에 가야 해?"

나는 아무 말도 하지 못했다. 아들은 등 떠밀려 입학했고, 주말마다 집으로 돌아왔다. 얼마 후 조심스럽게 아들의 눈치를 살피며 물었다.

"시헌아, 학교는 어때? 지낼 만하니?"

그런데 아들이 뜻밖의 대답을 했다.

"엄마, 난 학교에 감동했어요. 반찬이 네 개나 나오고, 샤워도 매일 할 수 있어요. 그리고 선생님들이 정말 학생들을 사랑해주세요."

자신은 오빠처럼 엄마와 아빠와 할머니를 떠나지 않겠다던 딸도 그 모습을 보며 같은 학교에 입학하게 되었다. 우리 아이들에게 대안학교는 대안 교육의 철학적 의미도 모른 채 부모에 의해 섭섭하게 맡겨진 곳일지 모른다. 자칫 아이들에게 상처가 될 수 있었는데 하나님께서 교사들을 통해 내가 주지 못했던 사랑을 채우게 하셨고, 내가 맘 편히 사역할 수 있도록 아이들에게 모든 걸 예비해주셨다.

피난처, 자유터 그리고 여명

피난처에서 만났던 외국인 난민들은 자신들을 섬겨준 우리에게 고마워했다. 그들은 난민으로 인생의 고난을 겪으며 어떤 국가도, 어떤 사람도 자신들을 지켜주지 않는다는 걸 알았다. 우리는 그들에게 '하나님께서는 고난을 통해 당신들을 만나고 싶어하신다'라고 위로했고, 그들은 그분을 만나는 기적을 지켜보았다.

피난처는 작지만 큰 기적을 낳는 곳이다. 그들의 본국(本國)에서는 절대 일어날 수 없는 일이거나 긴 세월이 걸려야 하는 일들이 이 곳에서는 자주 일어난다. 이슬람을 믿는 친구들이 하나님을 믿게 되고, '석가'라는 이름의 중국인 난민이 하나님께 기도를 드리는 일이 일어난다.

남편의 피난처 사역이 자리를 잡아갈 즈음에 나는 탈북자들을 위한 학교를 준비했다. 그러기 위해서는 사범대 졸업장 외에도 현장에서 쌓은 교육 경험이 필요했다. 그래서 당시 김진홍 목사님께서 대안학교인 두레자연고등학교의 설립을 준비하고 계시다는 소식을 듣고 찾아가 교사로 써달라고 부탁드렸다. 목사님은 통일 학교에 대한 내 포부를 사랑의 시선으로 보시고 흔쾌히 허락해주셨다. 그래서 나는 큰아들을 출산하기 전까지 두레학교에서 아이들을 가르쳤다.

그때까지 많은 교회들이 탈북 형제를 돕기는 했지만 그들의 마음까지는 얻지 못했다. 그래서 탈북 청년들을 위한 야간 학교인 자유터학교를 개소하면서 나는 중국에서 그들과 지내면서 깨달은 것들을 접목하여 밝고 공감적 분위기로 사역하려고 했다. 돈이 없던 우리는 집에서 고구마를 삶아와 먹으며 공부했고, 한 사람당 한 그릇씩 자장면을 시킬 수 없을 때가 많아 둘이 한 그릇을 나눠먹어야 했다. 그래도 늘 행복했다.

6평 남짓한 비좁은 자유터 공간에서 공부하는 학생이 20명이 넘었고, 대부분은 대학에 진학했다. 하지만 대학에 진학하거나 졸업하고서도 아무도 스스로 자유터 출신이라고 밝히지 않았다. 그래서 자유터 사역은 음지에서 하는 '그림자 사역'으로 느껴질 때가 많았고, 간사들과 교사들은 이런 상황에 당황해했다.

어느 날 나는 그들에게 내 속마음을 이야기했다.

"힘드시죠? 그렇다고 가족들에게 힘들다고 말도 못 하시죠? 제가 겪어온 길이라 잘 알아요. 가난한 가정에서 겨우 저 하나 가르쳤는데 월급도 없이 남을 돕겠다고 하니까 가족들이 절 보고 이기적이라고 하더라고요. 다른 사람들은 제게 그런 말을 할 수 없지만 가족은 그렇게 말하는 게 당연해서 가슴이 아팠어요. 제가 8년을 무급으로 일했으니까요. 게다가 상처받고 아픈 사람들을 위해 일했기에 저도 아팠고 힘들었지만 차마 가족이나 친구들에게도 제 아픔을 말할 수 없었죠. 그럼 '그만 둬! 왜 그렇게 살아'라고 말할 게 뻔하기 때문이에요. 그래서 더 외롭고 힘드실 거예요.

게다가 학생들은 자신들이 처음부터 잘 알고 똑똑한 사람이었다고 이야기하고 싶어서 이 학교의 존재를 잊으려고 하니 더 마음이 아프시죠? 그래도 아이들의 입장에서 이해해주세요. 그래도 그들에게 '자신감'이라는 가장 큰 재산을 갖게 해주었잖아요.

저는 하나님께서 가장 기뻐하시고 인정하시는 학교가 자유터학교라고 생각해요. 빛도 이름도 없고, 또 아무것도 가질 수 없지만 오직 하나님과 탈북 형제들을 위해서 헌신하는 학교이기 때문이에요. 다들 기운을 내세요. 아무도 몰라줘도 하나님께서는 우리 마음을 다 아시니까요."

내 위로의 말에 교사와 간사들은 다시 힘을 냈다. 우리는 외국인
들과 한국인 교사들이 한 조를 이루어 학생들을 가르쳤다. 미국 사
람이라고 하면 '웬쑤놈의 양키'(yankee, 미국인을 비하하는 호칭)라고
생각했던 북한 학생들이 처음에는 움찔하다가도 이내 편견을 버리
고 그들과 친해졌다.

"선생님, 좋은 양키도 많네요!"

금전적 지원은 물론이고 저녁도 제대로 주지 못하는 자유터학교
에 학생들이 몰리자 많은 사람들은 의아해했다. 특히 관련 단체들
은 예산을 아무리 쏟아부어도 사람들이 모이지 않았던 터라 자유
터학교의 성장이 이변이라고 생각했다.

여명학교가 개교하고도 자유터학교는 피난처 산하에서 계속 운
영하고 있다. 탈북 청년들이 자유롭게 수준별로 영어를 배우고, 자
신에게 필요한 기초적인 것들을 습득하고, 남한 사회에서 받은 스
트레스를 건강하게 풀어내는 마음의 피난처가 필요했기 때문이다.

여명학교를 개교하고서 대부분의 시간을 할애할 정도로 정말 열
심히 섬겼다. 사람들에게 점점 학교가 알려지면서 후원도 이전보다
많이 늘었다. 상대적으로 후원이 적은 피난처와 자유터학교를 볼
때면 마음이 무거워진다. 그래서 피난처와 자유터학교의 교사들에
게 미안하고 그들의 열악한 형편에 민망해진다.

여명학교를 태동하게 했던 선한 '자유터학교'에 대한 사랑과 애정이 가득한 나는 하나님께서 그곳을 책임져주시고 운영해달라고 기도할 수밖에 없다. 그리고 기적처럼 오늘까지 피난처와 자유터, 그리고 여명학교는 운영되고 있다.

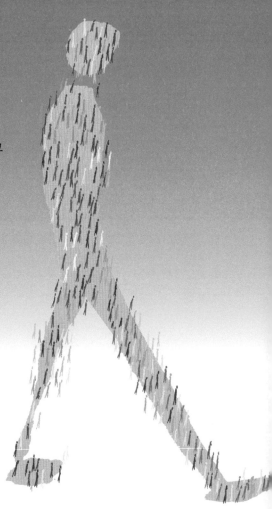

즐거워하는 자들과 함께 즐거워하고
우는 자들과 함께 울라
서로 마음을 같이하며
높은 데 마음을 두지 말고
도리어 낮은 데 처하며
스스로 지혜 있는 체하지 말라

로마서 12장 15,16절

Part 2

우는 자들과 함께 울다

4

상처를 덮는
사랑

이유 있는 절규

여명학교 초창기 때의 일이다. 교사 중에 남한 학생들을 가르쳤을 때처럼 엄하게 가르치는 이들이 있었다. 그러다가 난관에 부딪쳤다. 학생들에게 사랑을 줬다고 생각했지만 표현 방법이 아이들에게 맞지 않아 오해가 생긴 것이다. 교사가 학생들이 사용하는 언어를 제대로 이해하지 못해 애꿎은 학생을 혼낼 때도 있었다. 그래서 날마다 전쟁을 치러야 했다.

학생들에게 체벌을 주는 것도 여간 힘든 일이 아니었다. 말을 듣지 않는 학생에게 토끼뜀을 뛰라는 벌을 줬더니 "차라리 때려달라"라고 울부짖으며 뛰쳐나갔다. 나중에 그 이유를 묻자 북송을 당해

수용소에 수감되었을 때 간수가 수치심을 주기 위해 바지를 벗기고 토끼뜀을 뛰게 했다는 것이다. 갑자기 그때 생각이 나서 자신도 모르게 그런 행동을 했다고 말했다.

교사들이 체벌을 한 것은 잘못된 행동을 인지하게 하려는 것이지 아이들의 상처를 일부러 끄집어내서 아프게 하려는 게 아니었다. 그 일이 있은 이후로 전체 회의를 통해 학교에서는 절대로 토끼뜀과 같은 체벌을 하지 않기로 결정했다.

그런데 아무리 설득하고 혼을 내도 도통 말을 듣지 않는 한 아이가 있었다. 조금만 노력하면 크게 성장할 수 있는 가능성이 있는 아이였다. 여명학교의 과학 교사는 자신의 어릴 때가 생각나서 그 아이에게 더 애정을 쏟았다. 하지만 아이는 고생하는 부모님에게 '이럴 거면 왜 데려왔냐'며 북한에 가겠다고 떼를 쓰며 자주 말썽을 부렸다. 가까스로 방황하던 아이를 붙잡아 학교에 데려온 과학 교사는 남한의 남학생한테 하듯 엎드리게 하고는 엉덩이를 때렸다.

나는 걱정이 되어 밖에 서 있었다. 그는 애타는 부모의 심정으로 울면서 아이를 혼내고 있었다. 누가 봐도 학생을 사랑하는 교사의 절절한 마음이었고, 그 마음이 온 교실을 채웠다. 모든 교사들도 회초리까지 들어야 했던 그의 마음을 알기에 아무 말도 하지 않았다. 그런데 문제가 생겼다.

"장군님(김정일)도 아닌데 왜 때려요? 장군님한테 매 맞기 싫어서 도망왔는데…."

아이가 절규에 가까운 소리를 지르며 학교를 뛰쳐나갔고, 얼마 후 자퇴를 했다. 그 아이에게는 왜 체벌을 받았는지 보다 체벌 자체가 힘들었던 것이다. 북한에서 많이 맞고, 북송을 당해 또 맞으면서 이유가 어떻든지 맞는 게 싫었던 것이다. 그 교사는 한 학생의 인생을 망쳤다는 죄책감에 빠져 한동안 힘들어했다. 교사가 아니라 부모가 되어 진심으로 대했는데도 학생들은 자신의 상처가 커서 그 마음을 느낄 여유가 없었다.

남한 교사들이 상처 많은 북한 학생들을 가르치는 건 엄청난 도전이었다. 여명학교의 교사는 동정심과 사명감만으로 할 수 없는 일이었다. 웬만한 내공이 없이는 죽을 고비를 두세 번씩 넘은 아이들을 교육하기가 쉽지 않았다. 그래서 기도로 중무장하지 않으면 정말 버거웠다. 사람들에게 받은 상처로 아무도 믿지 못하는 학생들은 교사들에게 쉽게 상처를 주었고, 교사들은 애정으로 지도하다가도 학생들에게 많은 상처를 받곤 했다.

우리는 아이들과 지내면서 해야 할 것보다 하지 말아야 할 것들을 하나씩 알아갔다. 노력해야 이해할 수 있는 부분과 실수했지만 배워가는 부분들이 쌓여서 노하우가 되기를 바랐다. 그 과정에서 아이들이 힘들어하지 않기를 기도했다.

탈북 청소년이 기초 학습 없이 남한 학생들에게 맞춰진 교육 과정을 수행하기가 어려웠다. 남한식 학습 방법이 익숙하지 않아서 숙제를 내줘도 혼자 하기가 쉽지 않았고, 따로 과외를 받을 수 있는 처지도 아니었다. 학교 교과 과정에서 계속 뒤처지면서 공부를 못하는 아이로 찍히다가 아예 포기하기도 했다.

그래서 아이들의 수준에 맞춰 교육 과정을 수정해서 가르치다보니 아이들의 학습 태도는 물론이고 수행 결과도 조금씩 나아졌다. 시험 문제에 아는 게 나왔는데 틀렸다며 발을 동동거리거나 "북한에서는 가르쳐준 그대로 시험에 나오는데 왜 여기서는 문제를 꼬아서 내냐"라며 뾰로통해하는 아이들의 모습을 보면 '이제 공부에 맛을 들이면서 학생이 되어가는구나'라는 생각이 들어 뿌듯했다.

탈북 청소년들을 남한 학생들에게 하듯 일반적인 잣대를 적용하기 어려울 때가 많다. 특히 학생들이 지각하거나 결석하는 사유에서 그렇다. 남한에서는 몇몇 학생들을 제외하고는 특별한 이유가 아니면 결석을 하지 않는다. 또 학교에서도 정당한 이유가 아니면 허용하지 않는다. 그런데 여명학교에서 가장 많이 하게 되는 고민 중 하나가 바로 결석 문제이다.

어느 날 한 학생이 교무실로 찾아왔다.

"엄마가 하나원(통일부 산하 탈북자들의 정착 지원 시설)에 들어가셨대요. 아무래도 제가 가봐야 할 것 같아요."

이뿐만이 아니다. 친구 언니가 결혼을 해서, 인터넷을 설치해야 하는데 집에 사람이 없어서, 주문한 세탁기가 배달오기 때문에 결석하겠다고 했다. 그런데 이것이 탈북 청소년들에게는 특별한 의미인

걸 알기에 무조건 안 된다고는 할 수도 없었다.

어느 날 명석이가 아프다며 결석을 했다. 그날 오후에 같은 반 친구인 강철이가 조퇴를 하겠다며 날 찾아왔다. 한국에 가족이 없는 명석이를 간호해야 한다는 것이었다. 그런데 그다음 주에 또 결석해야겠다고 말했다.

"친구가 결혼을 하는데 가족이 아무도 없어요. 저라도 함께 있어줘야 해요."

그다음 달에는 10년 전에 헤어진 엄마가 한국에 입국해 하나원에 계시다면서 면회를 다녀와야 한다고 했다. 이럴 때마다 인내심을 갖고 아이의 입장에서 생각하고 이해하려고 노력했다. 때때로 그 이유가 사실인지 아닌지 고민하며 결정해야 했다. 그 사이에 몇몇 아이들이 틈을 타기도 했지만 말이다.

다른 습관을 맞춰가는 시간

목숨을 걸고 탈북한 아이들에게 남한은 외국이나 다름없는 곳이다. 같은 언어를 사용하기에 '이곳에서 적응하는 기간이 그렇게 많이 필요할까'라는 생각이 들 수도 있다. 하지만 그들이 체감하는 건 우리가 생각하는 것과 많이 다르다. 같은 언어를 쓴다고는 하지만 다른 언어를 쓰는 것처럼 이해하기 힘들고, 사소한 습관에서 가치관까지 다 달라서 적응하는 데 꽤 오랜 시간이 걸린다. 우리가 다른 나라에 이민을 가서 그곳에 적응하는 시간이 필요한 것처럼 그들에게도 그만큼의 시간이 필요하다.

한국에 입국하여 바로 학교에 입학한 학생들은 입맛 때문에 한동안 고생한다. 어떤 아이들은 여러 가지 맛있는 반찬이 나와도 입맛에 맞질 않아 밥과 김치만 먹기도 했다. 또 탈북하면서 빨리 먹는 습관이 몸에 배어 점심시간에 먼저 배식을 받은 아이들은 학생 전체가 받기도 전에 다 먹어버렸다. 어찌나 허겁지겁 먹는지 '저러다 탈은 나지 않을까' 하며 조마조마하게 지켜볼 때가 많았다. 그래서 나는 늘 "천천히 먹어라"라는 말을 입에 달고 살았다.

학교에서는 아이들의 건강을 생각해서 매 끼니마다 현미밥을 해주고 있는데, 어느 날 한 학생이 조심스럽게 내게 물었다.

"선생님, 학교 형편이 많이 어려운가요? 이팝(흰 쌀밥)을 먹기가 어려워요?"

"이게 더 비싼 밥이야."

아이들은 쌀밥을 해줘야 행복해했다. 반찬으로 과일 샐러드가 나오면 아예 넘기지도 못하고는 볼멘소리를 했다.

"먹는 음식에 왜 저런 걸 묻혀서 먹지도 못하게 해요?"

처음 먹어보는 마요네즈가 입에 맞지 않는 것이었다. 한국에 온 지 얼마 안 된 아이들은 우리네 어른들의 입맛과 비슷해서 채소나 나물류, 칼칼한 음식이 나와야 맛있게 먹었다.

아이들을 통해 알게 된 식사와 관련된 북한의 금기 사항도 꽤 많

았다. 여명학교 식당은 20평 정도로 100여 명이 다같이 식사하기
에는 좀 비좁았다. 그래서 먼저 먹은 아이들은 뒷사람들을 위해 자
리를 내줘야 했다. 입구 쪽에 앉은 아이들은 아직 덜 먹었고 안쪽에
있는 아이들이 먼저 먹고 나갔기에 안쪽으로 들어가라고 했더니 아
이들이 말했다.

"선생님, 밥을 먹다가 자리를 옮기면 장가를 두 번 간대요."

"하하, 그러면 나는 백 번은 더했겠다."

그런 내 반응에 맞은편에 앉은 아이가 말했다.

"북한에서는 먹을 것과 관련된 미신이 많아요. 밥을 먹을 때 반찬
을 일렬로 놓으면 밥 손님이 온다고 믿어요."

"손님이 오는 게 어때서?"

"먹을 게 넉넉지 않은데 손님이 오면 밥을 안 줄 수도 없고 고민
되니까 밥때에 남의 집에 가는 건 실례인 거죠."

내가 사정도 모르고 속없는 얘기를 한 것이었다. 생각지도 못한
북한의 관습을 들으면 여전히 당황스럽다. 아이들의 생각이나 습관
을 잘 알지 못해 상처를 줄 수 있겠다는 생각이 들었다. 아이들에
대해 빨리 파악해서 잘해주고 싶었지만 그 역시 시간이 필요한 듯
했다. 밥을 지을 때 뜸을 들여야 맛있게 되는 것처럼 아이들도 나도
실수도 하고 상처도 받으며 시간을 두고 천천히 해야 아이들이 이
사회에 건강하게 뿌리내릴 수 있다는 생각이 들었다.

동병상련의 마음

나는 탈북 청소년들을 섬기면서 내 어린 시절에 겪었던 가난과 상처에 감사할 수 있었다. 그것을 통해 그들의 아픔과 상처를 어렴풋이 이해할 수 있었기 때문이다. 가난했던 나는 맛있는 음식을 먹는 건 엄두도 내지 못했고, 그저 배불리 먹기를 소원했다. 또 어린 시절 내내 아침에 일어날 때 허리가 아프지 않았으면 하고 바랐다. 3평 남짓한 좁디좁은 방에서 여섯 식구가 새우처럼 등을 구부린 채 자야 했기 때문이었다.

그래서 여명학교의 아이들을 보면 예전의 내가 떠오른다. 어려서는 가난이 불만이었는데, 사역을 하면서는 그 덕분에 아이들을 이해할 수 있었고, 진심으로 위로해줄 수 있게 되었다.

탈북 청소년들은 자신들의 경험이 처절했기에 가끔 예상치 못한 반응을 할 때가 있다. 언젠가 한 아이가 TV에서 아프리카 난민들을 돕자는 캠페인을 보며 말했다.

"차라리 저들이 부러워요. 최소한 얼어 죽지는 않잖아요."

나는 말문이 막혔지만 내 어릴 적 경험을 이야기하며 아이들과 공감의 영역을 넓혀나갔다.

"선생님도 어릴 때 춥고 배고파서 죽을 뻔한 적이 있었어."

"에이~ 설마요, 남한에서요?"

"나도 어렵게 살았거든…."

아이들이 하나둘 고개를 들어 나를 응시했다.

"전철로 두 정거장 정도 되는 거리를 걸어서 초등학교에 다녔어. 눈이 펑펑 내리던 어느 날이었지. 당시 난 4학년이고, 동생은 1학년이었는데 아침을 굶고 학교에 갔다가 동생과 집에 돌아오는 길이었어. 추운데다 배까지 고프니까 정말 힘들더라. 기운은 점점 빠지고 잠이 쏟아져 도저히 걸을 수가 없더라고⋯."

"진짜네! 맞아요. 배고픈데 춥기까지 하면 정말 이상하게 잠이 와요. 그런데 그때 잠들면 큰일 나요."

"어려서 뭘 알았겠니. 동생에게 잠깐만 길에서 자자고 하고 둘이 끌어안고 잠이 들었어. 마침 차를 타고 지나가던 아저씨가 우리를 깨우면서 '여기서 자면 큰일 난다'며 집까지 태워주셨지."

"선생님, 정말 큰일 날 뻔하셨네요. 천당에 갔다 오셨어요. 저도 길에서 졸다가 동상에 걸려 손가락 두 개를 잘랐는데, 이만한 게 천만다행이에요."

얼마 전 자신의 손가락을 보며 한탄하던 아이가 웃으며 말했다.

가끔 탈북자들이 저지른 범죄나 탈북 단체들이 뿌린 전단으로 대북 관계가 경색됐다는 북한 관련 뉴스가 보도된다. 이럴 때 그들은 어떻게 반응해야 할지 난감해했다. 그 모습을 보며 내가 이야기를 꺼냈다.

"내가 좀 예쁘게 생기지 않았니?"

아이들은 '또 시작이구나' 하는 표정으로 덤덤하게 대답했다.

"네네!"

나는 아랑곳하지 않고 말을 이어나갔다.

"나는 어렸을 때 빈민촌에서 살았지만 곱상하게 생겨서 그런지 학교 친구들은 아무도 몰랐어."

"선생님이 정말 빈민촌에서 사셨어요? 언제요?"

이야기가 계속될수록 아이들의 시선이 내게 모였다.

"초등학교 때 학교에서 친구들과 놀고 있는데 마침 우리 동네에 사는 아이가 우리 앞을 지나갔어. 그때 내 친구들이 그 아이가 빈민촌에 산다며 피하는 걸 보니 고민이 되더라."

"왜요?"

"친구들과 같이 그 아이를 욕하면서 빈민촌 사람이 아닌 척할까, 아니면 왜 사람을 무시하냐고 화를 낼까, 차라리 아무 말도 하지 말까, 잠시 동안 정말 많은 생각이 지나가더라."

한 아이가 갑자기 큰 소리로 말했다.

"저도 북한에서 왔다는 말을 안 하고 지냈는데 친구들이 북한에서 온 친구를 가리키며 제게 귓속말로 알려주는 거예요. 그때 정말 선생님과 같은 심정이었어요. 별 생각이 다 들더라고요."

내가 말했다.

"나도 순간 별의별 생각이 다 나더라. 기가 죽어 고개를 숙이고 있는데 점점 화가 나는 거야. 내가 죄를 지은 것도 아닌데 말이지."

"맞아요. 우리가 선택한 것도 아니잖아요."

아이들의 목소리가 커졌다.

"그래서 내가 당당하게 말했어."

그때 내 말에 크게 공감했던 아이가 말끝을 흐리며 말했다.

"전… 아무 말도 못했는데…. 그런 제 자신이 밉고 속상했어요. 그다음 날부터 학교에도 가기 싫어졌고요."

후회가 가득한 표정을 하고 있는 아이에게 내가 말했다.

"다 지난 일이야. 만약 다시 그런 일이 생기면 어떻게 할 거야?"

"북한에서 왔다고 당당하게 말할 거예요."

말하면서 아이가 후련해하는 것 같았다.

"그래, 사람들의 눈치를 볼 필요 없어. 너희들에겐 하나님이 계시잖아. 그리고 귀찮게 묻는 애들한테 '난 북한에서 태어난 하나님의 자녀야'라고 말해."

이 말에 아이들은 "오, 예!" 소리를 지르며 신나 했다.

몸이 기억하는 고난

여명학교의 재학생 중에는 1990년대 고난의 행군 시기에 태어난 아이들이 많다. 이 아이들은 영양이 부족해 태어날 때부터 허약한 데다 탈북하면서 갖은 고생을 한 탓에 또래보다 키가 많이 작고 체력도 매우 약했다.

그래서 여명학교에서 체험 활동을 갈 때 가장 먼저 챙기는 게 학생수만큼의 멀미약이다. 주로 버스로 이동하는데 출발하고 얼마 지나지 않아 멀미하는 아이들이 속속 생겼다. 버스는 휘발유 냄새 때문에 그렇다 쳐도 전철에서도 멀미하는 아이들이 있을 정도로 기초 체력이 심각했다.

치아와 뼈도 많이 부실하다. 외부 행사가 있을 때마다 빠지지 않는 게 바로 골절 사고다. 축구하다 몸이 살짝 부딪치거나 2인 3각 달리기를 하다 같이 달리던 친구가 조금만 빠르게 뛰어도 아이들의 뼈가 쉽게 부러졌다. 또 기초 체력이 약하다보니 면역력이 많이 떨어졌다. 감기만 걸려도 영양 주사를 맞고 나서 약을 먹어야 할 만큼 체력이 약하다. 독감이나 신종플루가 유행하면 아이들 사이에서는 눈에 보일 정도로 빠르게 퍼져나갔다. 이를 보다 못한 우리는 후원을 받아서라도 아이들을 치료해주기로 결정했다.

아이들 대부분이 기초생활수급자로 분류되어 기초 의료 부문에서는 큰돈이 들지 않았다. 그런데 보험이 적용되지 않는 부분에서도 탈이 많이 나다보니 의료비용이 만만치 않았다. 치과 치료가 바로 그런 경우였다. 그래서 학교에서 후원을 받아 지원했고, 한 해의 예상 비용을 책정하여 기획했다.

그런데 생각보다 아픈 아이들이 많았고, 치아 상태도 심각하여 책정한 진료비가 8월이 되자 바닥이 났다. 협력 병원인 치과에서 실비만 받고 치료해주었기에 더 할인해달라고 할 수도 없는 상황이었다. 어쩔 수 없이 잠정적으로 치료를 중단하고 치료비를 구하러 다

넜는데, 치과 원장님이 난감한 표정으로 학교에 찾아오셔서 말씀하셨다.

"더 이상 치료를 해줄 수 없다고 했더니 아이들이 저를 이상한 눈으로 쳐다보더군요. 마치 '당신도 똑같군요'라고 말하고 있는 것 같았어요."

그 말을 들으니 참담했다. 아이들이 화를 냈다는 말보다 더 마음이 아팠다. 그래서 우리는 외상으로 먼저 치료해달라고 부탁했고, 후원금을 모아서 갚아나갔다.

원래 북한이 자랑하던 게 '무상 교육, 무상 의료'였다. 그러나 식량난이 계속되면서 교육 현장은 붕괴됐고, 병원에는 약이 없어 환자가 약을 직접 구해 와야 하는 지경까지 내몰렸다. 이런 상황이다보니 가난한 사람들과 어린아이들의 피해가 컸다.

북한 당국도 계속 늘어나는 환자로 고민이 많았던 것 같다. 식량난으로 허약한 사람들과 수술 환자가 늘어나자 그들은 주민들에게 헌혈을 하도록 유도했다. 영양실조로 병원을 찾은 환자들에게 약 대신 수혈을 하기 위해서였다. 그런데 헌혈을 하면 자신들의 몸이 약해질 거라는 오해를 불러와 북한 주민들은 헌혈을 하지 않으려고 했다. 이런 분위기는 여명학교에서 건강검진을 하면서 채혈할 때도 이어져 한바탕 소동이 일어났다.

어떤 아이는 가방을 교실에 두고 화장실에 가는 척하면서 집으로 도망갔고, 또 어떤 아이는 자신은 몸이 약해서 피를 뽑으면 쓰러진다며 울먹이면서 도망 다녔다. 또 여학생들은 생리를 하고 있어서 피만큼은 절대 뽑을 수 없다고 버텼고, 돌아가신 아버지의 유언이 헛된 일에 피 한 방울도 흘리지 말라는 거였다며 필사적으로 거부하는 아이도 있었다. 그나마 아이들을 쫓아다니며 이어진 교사들의 설득과 회유로 건강검진을 간신히 마칠 수 있었다.

그런데 매년 하는 건강검진에 이상한 현상이 나타났다. 몸이 마른 아이들은 체중과 체지방이 많이 부족했고, 빈혈까지 있음에도 근육이 많았다. 이는 남한에 오기 전까지 육체노동을 많이 했기 때문이었다. 또 생각보다 과체중이거나 비만인 아이들이 많았다. 심지어 당뇨병이 있는 아이들도 꽤 됐다.

'아니, 그렇게 못 먹은 아이들에게 비만과 당뇨가 있다니….'

특별히 잘 먹이는 것도 아닌데 왜 체중이 계속 늘고, 당뇨병이 생기는지 궁금해서 전문가에게 물었다. 전문가들은 그 원인으로 '절약 형질과 절약형 유전자'를 꼽았다.

전쟁과 기근의 때에 태어난 사람들이 성인이 되면 일반인보다 비만과 당뇨와 같은 성인병을 앓게 될 확률이 높다고 한다. 산모에게 영양이 제대로 공급되지 않다보니 음식이 들어오면 태아는 본능적으로 영양분을 저장한다는 것이다. 이것이 체질이 되어 나중에는 조금만 먹어도 다른 사람보다 영양분을 많이 흡수하게 된다고 한다. 즉, 살찌는 체질로 변한 것이다.

북한에서 굶기를 밥 먹듯하던 탈북 청소년들의 몸은 음식이 들어오면 최대한으로 흡수하는 체질이 되었고, 남한에서 남들처럼 먹거나 그보다 적게 먹어도 살이 찌게 되는 거라고 했다. 그러면서 전문가들이 말했다.

"당뇨는 가난과 풍요가 만나서 생기는 병이에요. 탈북 청소년들처럼 절약 형질을 가진 아이들이 당뇨에 걸리기 쉬워요. 당뇨는 못먹던 사람들이 갑자기 음식물을 많이 섭취했을 때 생길 수 있어요. 그래서 탈북 청소년들이 질병에 취약한 겁니다."

나는 아이들의 건강을 좀 더 체계적으로 관리하기로 했다. 체력을 키우기 위해 매일 쉬는 시간에 체조를 시켰고, 일주일에 이틀은 남산에 오르게 했다. 비록 운동장은 없지만 체육 교사를 전임으로 두고 있는 것도 아이들의 체력을 키우기 위해서이다. 그럼에도 협소한 공간으로 인해 여전히 많은 어려움이 있고, 아이들의 약한 면역력 때문에 하루에 다섯 명은 꼭 병원에 가곤 한다.

외모지상주의에 멍든 마음

식량난을 겪고 또래보다 왜소한 탈북 청소년들은 외모지상주의가 만연한 남한에 와서 제일 처음 외모로 인해 큰 좌절을 맛본다. 여명학교에 입학할 당시 스무 살이던 민석이는 키가 145센티미터로 언뜻 보기에 초등학생처럼 보였다. 앳된 얼굴에 작은 민석이가 학교를 도우려고 방문한 한 후원자의 눈에 띄었다.

"여기에 초등학생도 있었네요. 참 귀엽구나."

후원자가 민석이의 머리를 쓰다듬으며 말했다. 내가 손 쓸 사이도 없이 민석이는 평상시처럼 쏘아붙였다.

"제가 뭐가 귀엽습네까?"

후원자도 나도 당황하고 민망했다. 그 자리에서 계속 노려보는 민석이에 대해 설명할 수도 안 할 수도 없는 상황에 얼굴이 달아올랐다. 나는 속으로 민석이가 제발 그 자리를 박차고 떠나주기를 바랐다. 잠시 후 고맙게도 민석이는 씩씩거리며 나갔고, 그제야 나는 후원자들에게 말할 수 있었다.

"쟤는 올해 스무 살이에요. 북한의 식량난 때문에 많이 못 컸어요. 대학생이 될 나이인데 초등학생만 하니 힘들고 속상한 거죠. 또 북한과 중국에서는 먹고 사느라 사춘기를 겪지 못하다가 여기에 와서 시작된 것 같아요. 이제 좋아질 거예요. 정말 죄송해요."

평소 그림을 잘 그리던 민석이가 어느 날 휴학을 하겠다며 내게 상담을 신청했다.

"왜 휴학을 하려고 해?"

"엄마의 소개로 만난 분이 그림을 그리는 아르바이트가 있다고 해보래요."

"그건 졸업하고 해도 되잖아."

"졸업하면 뭐해요? 전… 키가 작잖아요."

그리고 이 말을 하기까지 10분이 넘게 걸렸다. 결국 민석이는 울먹이며 말했다.

"남한의 아이들은 모두 영화배우같이 키도 크고 멋있는데…, 저는… 얼굴이 못 생겼다면 성형수술이라도 하겠지만 초등학생만한 키로 졸업해서 뭘 할 수 있겠어요. 지금 이 기회를 잡지 않으면 아무도 제게 기회를 다시 주지 않을 것 같아요."

내가 아무리 말해도 민석이는 울면서 1년만 일하고 오겠다고 했다. 그 선택이 잘못된 건 줄 알았지만 더 이상 설득할 수 없었다. 하는 수 없이 꼭 다시 돌아오겠다는 약속을 받고 보내주었다.

1년 후 민석이는 학교로 다시 돌아왔다. 기술을 배우려면 적어도 남한 사람들의 말을 이해할 수는 있어야 하고, 그러려면 배워야 한다는 생각으로 돌아온 것이었다. 처음에는 도와주듯 그림을 그리는 아르바이트를 했는데 할 일이 점점 줄었다고 했다. 말을 잘 알아듣지 못하니 일이 줄기 시작했고, 나중에는 그마저도 끊겼다고 했다. 나는 다시 학교로 돌아온 민석이를 볼 때마다 안아주고 격려해주었다. 그 아이에게 "사랑한다"라고 말했다.

"저를 사랑한다뇨? 키도 작고 못생겼는데…."

탈북 학생들은 '외모도 실력'이라고 외치는 이 사회에 기가 눌려 있다. 출발선이 다른 게 아니라 아예 그 선에 서지도 못한다고…. 내가 이런 자신들을 사랑한다고 하니 오히려 의아하게 생각했다.

"이 세상에 완벽한 사람은 없어. 그리고 우리보다 더 안 좋은 여건에 있는 사람들도 많아. 북한에 있는 친구들과 중국에서 한국에 오려고 애 쓰는 사람들을 생각해 봐. 그리고 하나님의 눈으로 봐. 그분은 사람을 외모로 보지 않고 중심을 보신다잖아."

"그래도 사람들은 외모로 판단하잖아요."

"네 외모를 되돌릴 수 있어? 내가 부모와 외모를 선택할 수 있었다면 나도 이렇게 살지 않았을 것 같아. 그런데 돌이킬 수 없다면 이 자리에서 열심히 살면 돼. 내가 가진 게 최고가 아니라면 최선을 다해야지."

민석이가 말했다.

"선생님, 한국에서는 최선은 필요가 없고, 최고만 알아주는 것 같아요."

"그래도 최선을 다하다보면 최고가 되지 않을까? 외모나 국가나 가족은 네가 선택할 수 없지만 어떻게 살 것인가는 선택할 수 있잖아. 네가 어찌할 수 없는 걸 안타까워하면서 시간을 허비하든지 아니면 열심히 살면서 키 말고 네게 소중한 걸 만들며 살아가든지!"

민석이는 곰곰이 생각하더니 곧 얼굴이 밝아졌다.

보호받지 못하는 아이들

2011년에 김정은이 집권하면서 국경 경비가 강화되고 식량 사정이 전보다 나아졌다. 그러자 목숨을 걸고 탈북하는 동포들이 크게 줄었다. 게다가 중국이 철도 발권 시스템을 전산화하면서 기차

표를 구입할 때 신분증을 제시해야 했기에 중국 내 이동이 힘들어진 것도 그들에게 부담이 되었다.

대신에 중국에 거주하는 탈북 2세들의 한국 입국이 크게 늘고 있다. 이들은 탈북 여성들이 중국에서 중국인들과 강제로 결혼하거나 인신매매로 팔려가 낳은 아이들로, 탈북자의 자녀지만 한국에서 혜택이나 보호를 받지 못하는 이른바 '비보호 아동'으로 분류된다. 그 수가 점점 늘어나 초등학교와 중학교 과정에서는 북한에서 출생한 아이들보다 많아졌다.

북한은 세대주인 아버지에게 가족의 식량을 배급하기 때문에 아버지가 식량을 구하러 타지로 떠나면 배급을 받지 못한다. 게다가 당국에서는 타지로 식량을 구하러 나가는 걸 탈북으로 간주하기 때문에 이 일을 주로 어머니들이 하고 있다. 또 중국에서는 한국으로 일하러 간 조선족 여성들의 빈자리를 탈북 여성들이 메우고 있다. 이들은 중국의 시골이나 변방으로 팔려가다시피 강제로 혼인해 아이를 낳는다. 그래서 한 탈북 어머니 밑에 북한에서 출생한 자녀와 중국에서 출생한 자녀가 함께 있는 경우가 많다.

남한에 입국한 탈북 여성들은 자신이 겪은 일 때문에 북한에 있는 남편은 데려오지 못하고 자녀들만 데려오기 때문에 탈북 가정의 대다수가 모계(母系) 중심이다. 그들이 중국에서 낳은 아이들에 대해 우리는 고민하며 기도했다. 일반 탈북자로 분류되지 않아 입학시키려면 학교 이사회의 허락을 받아야 했다.

나는 그들이 역사의 그늘에서 눈물로 태어난 아이들이고, 형편도 탈북 청소년보다 더 어려우니 꼭 키우고 싶다고 말씀드렸다. 목사 님들로 구성된 이사님들은 어렵지 않겠냐며 걱정하셨다.

"어려우니까 여명학교가 해야지요!"

이사님들은 흔쾌히 승낙하셨고, 그들을 바로 입학시킬 수 있었 다. 아이들 대부분은 한국어를 전혀 몰라서 정규 교과 과정에 들어 가기 전에 한글 공부를 먼저 해야 했다. 하지만 이들에 대한 정부의 지원은 탈북자들과 달라서 학력 인정이 어렵고, 대학에 진학할 때 도 지원을 받지 못한다. 심지어 같은 어머니에게서 태어났어도 북한 에서 태어난 아이들은 지원을 받지만 중국에서 태어난 아이들은 그 렇지 못하다. 그 아이들이 내게 물었다.

"선생님, '비보호'가 무슨 뜻이에요? 왜 저희를 그렇게 불러요? 우 리를 보호하지 말라는 뜻인가요?"

또 다른 아이가 말했다.

"어떤 사람들은 우리에게 지원을 해주면 안 된대요. 우리가 뭘 잘 못했어요?"

이런 아이들이 현재 몇 만 명 이상인 것으로 추산된다. 아이들은 대한민국 정부에서 자신들에 대한 지원을 주저하는 걸 섭섭해했다. 나는 그런 아이들을 다독이며 말했다.

"어른들이 생각이 짧아서 그래. 중국과 외교 문제로 이어질까 봐 걱정해서 그러는 거야. 그리고 너희들한테 잘해줬는데 너희가 국적을 중국으로 선택해서 갈까 봐. 너희들을 잘 대해주고 가르치면 어느 쪽 국적을 선택하더라도 한국의 우호 세력이 되어 도움이 될 텐데 말이다. 하지만 하나님께서 너희들의 눈에 계속 눈물이 흐르도록 두지 않으실 거야, 선생님도 열심히 뛰고 있어. 조금만 참자."

그런 아이들 중 한 명인 상호는 서너 살 때 엄마와 함께 탈북하여 중국에서 살았다. 상호 엄마는 중국 한족과 결혼하여 살았기에 상호는 한국말이 많이 서툴렀다. 15년 동안 중국에서 살면서 상호 엄마는 두 번이나 북송을 당했다. 그때마다 중국에 홀로 남겨진 아이는 공부도 시켜주지 않는 사람들 틈에서 방치되어 겨우 밥만 먹고 살았다. 여리고 약했던 아이는 낯선 곳에서 엄마 없이 살다가 간질을 앓게 되었다. 북송되는 모진 고통에서도 엄마는 상호만을 생각하며 여러 번의 탈북을 시도한 끝에 중국으로 다시 돌아왔다.

중국에서 다시 만난 모자(母子)는 아이의 간질 때문에 남한 행을 결심했고, 여명학교에 입학하게 되었다. 약간만 큰 소리로 말해도 아이가 간질로 쓰러졌기 때문에 엄마는 제대로 된 훈육을 하지 못했다. 그래서 상호는 영화 〈빅〉의 주인공처럼 어른의 몸을 가진 아이와 같았다.

한 번도 규율을 경험해본 적 없던 아이는 학교에 온 지 하루 만에 결석했다. 그래서 학교 목사님과 함께 집으로 찾아갔다. 자신이 한국말을 잘 못하니까 아이들이 자신을 우습게 생각한다며 공부하지 않겠다는 말만 4시간 동안 되풀이했다. 그 말을 다 들어주고 나서 내가 말했다.

"한국어를 배워야 이곳에서 네 병도 고치고 살지. 한 달만 다녀보고 그래도 학교가 싫으면 그때 그만두자."

그렇게 상호는 여명학교에서 공부하기 시작했다. 그러던 어느 날 아이가 펄펄 뛰며 중국어로 욕을 하면서 교무실로 들어왔다. 여학생들이 자신을 무섭다고 한다며…. 그래서 밖으로 데리고 나갔더니 펄쩍펄쩍 뛰며 울었다. 어눌한 한국말로 말하며 서럽게 우는 아이가 안쓰러워 내 눈에도 눈물이 맺혔고, 그 순간 서로 눈이 마주쳤다. 나는 상호의 손을 잡고 말했다.

"아들, 울지 마!"

아이가 나를 멍하니 바라보았다. 그러고는 아무 말도 하지 않았다. 친해지고 싶어 괴롭히며 스킨십을 하려는 상호를 사춘기의 여학생들이 참아주기가 어려웠던 것이다. 심하게는 추행을 하는 걸로 생각했다. 상호는 그런 여학생들의 거부를 눈치 채지 못하고 섭섭해만 했고, 또 탈북 학생들은 상처 많은 상호를 품어줄 여유가 없었다.

"아무리 친해지고 싶어도 여학생들에게는 함부로 손을 대면 안 돼. 아이들은 네가 싫은 게 아니라 그런 행동이 싫은 거야."

상호는 내 말을 듣고 마음의 평정을 찾아 집으로 갔고, 한참 후에 내게 그날의 이야기를 해주었다.

"아무도 날 위해 울어준 적이 없었슴다. 그때 처음으로 누군가가

날 위해 우는 걸 본 거이지요."

여명학교에 입학하는 20대 초반의 여학생 중에 중국에서 아이를 낳고 살다가 남한에 입국하여 뒤늦게 공부하는 경우가 있었다. 아이는 열심히 공부했지만 중국에 두고 온 자녀 걱정에 많이 힘들어했다. 중국인 남편이 아이를 보내주지도 않았지만 막상 데려와도 키울 형편이 되지 않았다. 고민에 빠진 그 뒷모습에 슬픔이 배어 나왔다. 내가 말했다.

"아이를 데려와, 내가 키워줄게. 대신에 여명학교에는 열네 살부터 입학할 수 있으니 그때까지만 참았다가 데려와. 중국에 있는 애 아빠도 그때쯤이면 아이를 가르칠 힘이 없어서 네가 맡아줬으면 할 거야. 그러니 그때까지 조금만 참아."

그러자 아이가 참았던 눈물을 쏟아냈다.

"엄마는 식량난 때 돌아가시고, 가족들은 모두 북한에 있고, 중국인 남편은 열여덟 살 때 만나 아이까지 낳았지만 두 번 다시 만나고 싶지 않아요. 그런데 내 새끼는 정말 보고 싶어 가슴이 아파요. '이럴 때 엄마라도 계시면 아이를 데려와 맡아달라고 할 텐데' 하는 생각을 하던 중이었어요. 선생님이 우리 엄마 같아요."

"이제 울지 마. 선생님이 키워준다니까, 나 못 믿어?"

아이는 눈에 눈물이 맺힌 채 웃으며 말했다.

"선생님도 아들이랑 딸을 방치하다시피 키웠다면서요. 그런데 어떻게 맡겨요?"

내가 아이의 등을 두드리며 말했다.

"걱정하지 마. 난 남한 아이들만 못 키우지 북한 아이들은 잘 키울 수 있어."

내 말 한마디에 아이는 환한 미소를 띠었다.

다시 만난 가족들

나는 특별히 탈북 어머니들에 대한 애정이 많다. 내가 그 모진 삶을 중국에서 직접 봤기 때문이다. 학교를 운영하면서 그들의 자녀들을 가르치고 보살피는 게 이 가엾은 어머니들의 짐을 덜어주는 거라고 생각했다. 어머니들은 내게 말한다.

"경비가 삼엄해 탈북이 어려워져서 3년 동안 모은 돈 1,500만 원을 들여 아이를 힘들게 데려왔는데, 이제 두 다리를 쭉 뻗고 잘 수 있을까요?"

내가 어머니들에게 말한다.

"그럼 저랑 나눠서 한 다리씩 뻗고 주무세요. 어머니랑 교사들이랑 반반씩 나누면 한 다리는 뻗을 수 있지 않을까요?"

그러면 어머니들이 환하게 웃고, 나도 그 모습에 행복해진다. 어머니들은 가족들의 식량을 구하러 탈북했다가 중국에서 남한까지 구사일생으로 입국했다. 그들은 자녀들을 한국에 데려오려고 목숨을 걸고 일한다. 어머니들은 자녀들을 위해 못할 일이 없었고, 또 일을 안할 수도 없었다. 중국에서 모진 일을 겪으면서 살아낸 것도, 남한에서 악착같이 돈을 버는 것도 모두 자녀들 때문이다.

그러나 막상 자녀들을 남한에 입국시키고 나면 오랜만에 만나 무엇을 어떻게 해줘야 할지 몰라 쩔쩔맨다. 그렇게 힘들어하다가 아이가 여명학교에 입학하면 아이들도 좋아했지만 어머니들이 더 좋아하고 안심했다. 하지만 가정에서는 여전히 어머니와 자녀들이 서로 적응하는 과정에서 크고 작은 전쟁을 치렀다.

하루는 정수가 뭔가 심상치 않아 보였다. 아이를 불러 무슨 일이 있었냐고 묻자 한숨을 크게 쉬더니 말했다. 자신이 엄마에게 모진 말을 했다고.

"아빠는 엄마를 기다리다가 돌아가셨고, 저는 고아원에서 부모 없이 고생했어요. 그런데 그때 엄마는 중국 사람의 품에서 살았잖 아요!"

엄마는 눈물만 흘릴 뿐 아무 말도 하지 못했다고 했다.

"차라리 엄마가 욕이라도 실컷 하고 나를 때리면 속이라도 시원 할 텐데, 아무 말도 못하는 모습을 보니 제가 더 나쁜 놈이 된 것 같 았어요."

나는 내가 아는 모든 욕을 해가며 아이를 혼냈다.

"너희 엄마가 무슨 죄를 지었냐? 다 장군님 때문이지. 40킬로그 램도 안 나가는 연약한 여자가 중국에서 얼마나 힘들게 사셨겠니?

사람들에게 제대로 된 대접이라도 받으셨겠니? 엄마가 아프고 잡혀갈 위기에서도 네 엄마를 살려준 사람은 중국 아버지지 네가 아니야. 이 녀석아, 정신 차려!"

한참 동안 나무라는 내 말을 듣더니 아이가 펑펑 울면서 말했다.

"선생님, 감사합니다. 이제 받아야 할 벌을 받은 것 같아요."

나는 아이의 어머니에게 전화를 했다.

"어머니, 정수와 어제 좋지 않으셨다면서요? 제가 그 녀석을 혼내주었어요."

그리고 아이와 나눈 이야기를 어머니에게 전했다.

"정수가 마음은 안 그런데 어머니에게 모질게 말했다고 자기가 죽일 놈이라고 하더라고요. 그런데 죄송해서 차마 그 말이 안 나온대요. 어머니에게 차라리 혼나면 괜찮겠는데 울기만 하시니 자기가 미안해서 죽고 싶대요. 오늘 어머니가 야단치실 것의 몇 배로 제가 대신 혼냈어요. 어머니가 좀 다독여주세요. 정말 죄송해요, 귀한 아들을 많이 혼내서요."

어머니는 계속 울며 말했다.

"선생님, 정말 고맙습니다. 제 가슴이 뻥 뚫리는 것 같아요."

탈북 청소년들은 겉으로 표현은 잘 못하지만 속으로는 가족에 대한 마음이 애틋하다. 수업 시간에 "마지막으로 3일간의 시간이 있다면 하고 싶은 일을 쓰라"는 과제를 내준 적이 있다. 아이들이 쓴 것을 보니 "엄마, 아빠를 만나 화해시켜주고 싶다", "첫 가족 여행을 가보고 싶다"라고 했다. 그리고 "엄마, 사랑해. 혼자 남한에서 잘 살아서 미안해", "생명의 위협이 있다 해도 북에 가서 마지막으로 아빠를 꼭 보고 싶다"라고 썼다.

수임이라는 아이가 있었다. 학교생활도 잘하고, 아무 문제가 없는 성실한 아이였다. 그런데 그 어머니는 하루가 멀다 하고 전화해서 아이가 아픈 데는 없는지 잘 지내고 있는지 과하다 싶을 정도로 물었다. 수임이도 이런 엄마를 귀찮은 듯 생각하다가도 전화가 오면 늘 순종적이고 공손하게 말했다. 그 모습이 약간은 이상해보여서 아이에게 내가 물었다.

"예전에 어머니의 속을 많이 썩여드렸니?"

수임이가 어머니에 대해 말했다.

"제가 아홉 살 때 엄마가 저를 업고 두만강을 건너셨어요. 중국에서 공안에게 쫓겨 다니다 산속에서 움막을 짓고 살았는데, 그때도 엄마는 사과 박스에 글을 써서 제게 한글을 가르쳐주셨어요. 학교도 못가고 심심해하던 제게 큰 그릇을 엎어놓고 다람쥐를 잡는 법도 알려주셨고요. 하지만 공부할 나이에 학교에 갈 수 없는 게 마음에 걸리셨는지 저를 고아원에 보내셨어요. 중국은 법적으로 자녀를 한 명만 인정하기 때문에 그 이상 낳은 사람들이 아이를 고아원에 맡기거든요. 그곳에서 저는 엄마 없이 살아야 했지만 공부는 할수 있었어요. 그렇게 8년을 떨어져 살면서 엄마가 열심히 일해서 한국으로 먼저 와서 곧 저를 부르셨어요. 그런데 그때 나쁜 사람들이 저를 납치해서 엄마한테 큰돈을 요구했어요."

아이가 책장을 넘기듯 자신의 이야기를 하는 모습에 나는 조금씩 미안한 마음이 들었다.

"저도 엄마도 무서웠죠. 정말 죽는 줄 알았거든요. 그때 저보다 엄마 마음이 더 아팠을 거예요. 거금을 주고 풀려난 이후에도 엄마는 불안해서 항상 전화하시고, 혹시 제가 못 받으면 학교로 연락을 하는 거예요. 엄마는 저 때문에 눈물을 하도 많이 흘려 각막이 손상돼 앞을 잘 볼 수 없으세요. 선생님, 저희 엄마가 전화를 자주 해서 피곤하시죠?"

나는 미안한 마음에 속죄하듯 말했다.

"수임아! 어머니께 언제라도 전화하시라고 해. 필요하면 수업 시간에라도 내가 뛰어가서 너를 바꿔드린다고, 알았지?"

요게벳은 아들 모세를 낳고 더 이상 숨길 수가 없어 자식을 살리기 위해 아이를 갈대 상자에 넣어 나일강에 떠내려 보냈다.

더 숨길 수 없게 되매
그를 위하여 갈대 상자를 가져다가
역청과 나무 진을 칠하고
아기를 거기 담아 나일강 가 갈대 사이에 두고
출 2:3

북한의 어머니들도 살기가 어려워지자 "너만이라도 살아라. 살기만 해라"라고 두만강으로, 고아원으로 아이들을 떠나보냈다. 그런 애달픈 어머니의 마음을 알기에 아이들은 가족들을 더 애틋하게 생각한다.

5

고통의
흔적들

비교의 상처

여명학교에는 다양한 학생들이 입학한다. 교육을 처음 받아보는 학생에서부터 중국에서 출생하여 한국말이 서툰 학생들까지 점점 다양해지고 있다. 그런데 그중에서 선생님들을 가장 힘들게 하는 학생들은 아이러니하게도 일반 학교에 다니다가 전학 온 아이들이다.

일반 학교에서 하는 수업 내용을 거의 이해하지 못하는 탈북 학생들은 주변인으로 밀려나면서 점점 더 심한 소외감을 느낀다. 그러다 소위 '노는 아이들'과 어울리거나 일방적으로 따돌림을 당하면 학교를 이탈하게 된다. 또 남한 친구들이 가벼운 농담을 던져도 탈북 청소년들은 자신이 웃음거리가 되고 있다고 생각하며 힘들어

했다. 그렇게 숨죽이며 생활하다가 더 이상 못 견뎌 자퇴하고 여명 학교를 선택한 아이들, 이들은 마지막으로 잘해보려는 마음으로 여명학교를 선택했지만 공부보다는 치유가 더 필요했다.

북한과 중국에서 받은 상처에 일반 학교에서 받은 상처까지 더해졌기 때문이다. 그래서 아이들은 마음의 문을 쉽게 열지 않았다. 어쩌다 선생님이 혼을 내면 이전에 쌓아두었던 분노까지 폭발시켰다.

"좀 내버려둬요. 일반 학교처럼 나한테 관심을 갖지 마세요!"

혹여라도 적응하지 못할까 봐 선생님들이 잘 대해주면 오히려 불편해했다. 그러다 자신이 수세에 몰리면 "선생님은 죽을 고비를 넘어봤어요?"라며 선생님들의 기를 죽이려고 했다. 이쯤 되면 이런 아이들이 내게 온다. 그리고 내게도 같은 질문을 한다. 그러면 내가 대답한다.

"응, 여러 번!"

그러면 아이가 다시 묻는다.

"정말 국경도 넘어봤어요?"

"그래, 베트남 국경을 넘다가 군인한테 끌려 가서 심문도 당해봤어. 됐냐?"

아이는 깜짝 놀라 눈이 휘둥그레진다. 감사하게도 중국에서 탈북자들과 함께한 경험이 있어서 아이들과 벌이는 전쟁은 거의 나의 판정승이나 KO승으로 끝났다. 그러나 다른 선생님들은 사사건건 심통을 부리는 아이와 몇 시간씩 끝나지 않을 것 같은 전쟁을 치러야 했다. 아이들은 사람들에게 받은 상처가 워낙 깊고 많아서 작은 자극에도 격하게 반응했다. 그럼에도 끝까지 참아주는 선생님들의 인내심에 아이들은 조금씩 속마음을 털어놓았다.

"북한에서는 서로 거의 비슷한 형편이니 비교하는 마음이 생기지 않았는데, 남한에 와서는 저도 모르게 남들과 비교하게 돼요. 그래서 더 힘들어요."

"선생님, 북한에서는 예뻐졌다는 걸 '때 벗어졌다'고 하거든요. 저도 모르게 친구에게 그렇게 말했더니 저를 쳐다보며 웃었어요."

"열심히 공부했다는 말을 '밤 패면서 공부했다, 피타는 노력을 했다'고 했더니 다들 웃더라고요. 정말 창피했어요."

신입생들이 어렵게 일반 학교에서 있었던 경험을 말하자 재학생들도 자신들의 경험을 말하며 위로했다.

"선생님이 중요한 부분에 밑줄을 치라고 해서 그 글자 위에 빡빡 그었거든요. 제가 장난치는 줄 알고 선생님께 많이 혼났어요."

한 재학생이 물었다.

"학교에서 네 신분을 깠냐(밝혔냐)?"

신입생은 어떻게 대답해야 할지 난감해했다.

"난 안 깠다! 탈북자라고 깠더니 우습게 생각하더라. 실수도 하루 이틀이지 매일 하니까 애들이 이상하게 생각하고, 내가 꼭 신경증(정신병) 환자가 된 것 같아서 그냥 학교를 나왔다."

그러자 옆에 있던 아이가 어렵게 자신의 이야기를 했다.

"중학교 때 담임선생님이 부모님한테 사인을 받아오라고 계속 그러는 거예요. 아버지가 북한 어디에 계시는지도 모르는데 자꾸 물어서 결국 선생님께 탈북했다고 말씀드렸어요. 그랬더니 제가 없을 때 애들에게 그 말을 한 거예요. 물론 잘 도와주라고 말씀했겠죠. 그런데 저랑 사이가 안 좋은 애들이 그걸 핑계 삼아서 저를 계속 놀려댔어요. 저는 선생님께 '왜 제게 묻지도 않고 그렇게 말씀했냐'라고 따지고는 학교에서 나와버렸어요."

예민한 사춘기의 탈북 청소년들이 남한의 일반 학교에 다니는 건 정말 쉽지 않은 일이다. 내가 아이들을 진정시키며 말했다.

"애들아, 남한 사람들이 북한에 대해 오해하고 있는 게 많지?"

그랬더니 아이들은 여기저기서 이야기를 쏟아냈다.

"북한 사람들이 모두 아이스크림을 '얼음보숭이'라고 부르는 줄 알아요."

"어? 나도 그렇게 알았는데 아니었어?"

"그 말이 책에 있긴 한데, '까까오'나 '에스끼모'라는 아이스크림이 유명해서 우리는 주로 그렇게 불러요."

한 아이가 큰소리로 말했다.

"남한 애들은 북한 사람들이 친구들한테 모두 '동무'라고 부르는 줄 알아요. 어떤 때는 남한 선생님들이 정말 말도 안 되는 이야기를 하는데 차마 아니라고 할 수가 없었어요. 그러다 집에 오면 정말 화가 나고 짜증나요."

내가 물었다.

"그럼 너희들이 느끼는 남한 아이들은 어때?"

"이기적이에요. 저희는 쉽게 부탁을 잘 안하거든요. 정말 여러 번 생각하고 어렵게 부탁하는데 단칼에 시간이 없다며 거절하는 거예요. 어찌나 민망하고 낯이 뜨겁던지…."

여기저기서 말했다.

"마음이 차가워요, 욕을 너무 잘해요."

"부모님이 고생하는 걸 생각하지 않아요."

내가 말했다.

"그래! 지금 너희들이 느끼는 것 중에서도 오해하는 부분이 있을 것 같은데, 너희들의 생각은 어때?"

아이들이 조금씩 고개를 끄덕였다.

살기 위한 무기력증

가끔 탈북 청소년들이 내게 이런 질문을 할 때가 있다.

"선생님은 우리가 그렇게 예뻐요? 왜 우리만 보면 웃어요?"

"정말 몰라? 거울을 봐! 너희가 얼마나 예쁜지!"

옆에 있던 아이가 심드렁하게 대꾸했다.

"사람들은 '탈북자가 뭘 하겠어'라며 자신의 자녀들을 우리와 못 놀게 하는데요."

나는 1초의 망설임도 없이 말했다.

"옛날 사람들도 나사렛에서 무슨 선한 것이 나오겠냐고 얘기했지. 그런데 모두가 무시했던 그곳에서 예수님이 나오셨잖아. 하나님의 방법은 그런 거야. 그분은 광야에 길을 내시고, 사막에서 샘물이 나오게 하시는 분이야. 사람들이 그걸 어떻게 다 이해하겠니? 내버려둬. 열심히 하나님의 사랑을 받으며 행복하게 살다가는 거지. 안 그래?"

다른 사람이 자신을 위해 울어주는 모습을 보면서 위로받을 정도로 탈북 청소년들은 정에 주려 있다. 낯선 사람들에게 방어적일 것 같지만 작은 관심이라도 보여주면 쉽게 마음의 문을 열었다. 탈북 과정부터 힘들었던 그들은 환경과 사람에게 받은 상처들이 많아 남한에 입국할 즈음에는 거의 만신창이 수준이 되어 있는 경우가 많다. 그래서 남한에 입국해서도 뭔가에 새로 도전하다가 한계에 부딪치면 습관적으로 좌절하고 곧 무기력해진다.

아이들은 도피할 수 없는 환경과 저항할 수 없는 상태에서 지속적으로 충격을 받으면서도 그 상황에서 의지를 가지고 저항하면 할수록 더 위험해졌었다. 그러다보니 살고자 선택했던 방법이 무기력한 상태로 있는 거였고, 그것이 습관이 됐다. 그래서 그들에게는 작은 성공의 경험을 지속적으로 갖게 해주는 게 중요했다.

많은 사람들은 탈북 동포들이 남한 사람들과 비슷해보여 별다른 문제를 못 느낄 수 있겠지만, 그들의 평범함은 최선을 다해 노력한 결과다. 감정을 극도로 절제하며 안간힘을 쓰지만 자기도 모르게 잠꼬대로 공포와 분노를 쏟아내기도 한다.

여명학교에서 몇몇 아이들은 울지도 않고 웃지도 않았다. 그 아이들은 울만한 상황에 처해도 무덤덤하고 오히려 무기력해보였다. 아이들의 원래 성격을 생각할 때 약간 이상해 보여서 내가 한 아이에게 물었다.

"아까 왜 울지 않았어?"

"울면 무너질까 봐요!"

안 그래도 울 일이 많은 아이들은 울다가 자신이 무너지면 죽고 싶을 것 같아 그런 방법을 택했던 것이다. 평소 웃지 않는 아이에게도 물었다.

"북한에 계신 아빠를 생각하면…."

아이는 말끝을 흐렸다. 자신들은 최소한의 기본 생활은 하고 있지만 그렇지 못한 생활을 하고 있을 부모님에게 죄송한 마음이 들어 웃지 못했던 것이다. 아이들의 마음을 충분히 알지만 감정을 쌓아놓으면 병이 될 수 있기 때문에 한 번씩 풀어줘야 한다. 그래서 나는 여명학교의 코미디언을 자처하며 아이들을 웃기려고 했다.

내 별명은 '미스코리아'다. 아이들에게 수시로 내 별명을 물으면 아이들은 웃으며 말을 못하다가 나중에는 자신들이 오히려 내게 선수를 친다. 내가 아이들의 이름을 부르면 질문을 하기도 전에 "미스코리아요!"라고 대답하고는 깔깔거리며 웃었다.

또 세상에서 가장 큰 어려움을 겪었다고 생각하고 소외감을 느끼는 학생들에게는 감사할 수 있는 상황을 만들어주는 게 치유였다. 그래서 가끔 난민들을 학교에 초청했다. 탈북 학생들은 인기 아이돌 가수들의 공연보다 무명의 난민 가수나 강연자에게 더 큰 호응을 보였다. 가끔씩 남편이 있는 '피난처'에 가서 청소와 빨래를 하고 난민 어린이들에게 한글을 가르치며 아이들은 자신들의 존재감을 확인했다. 그러면서 그들을 국가의 한 일원으로 받아준 남한 사람들과 정부에 감사해했다.

북한에서 키워진 습성들

나는 탈북 청소년들을 가르치면서 북한을 배웠고, 그들의 습성(習性)도 알게 되었다. 오랫동안 옆에 있으면서 처음에는 그들을 진심으로 사랑하기가 힘들었다. 하지만 조금씩 이해하게 되면서 더 깊이 사랑할 수 있게 되었다. 그래서 나는 그들을 오해하고 있는 사람들에게 그들의 진실 된 모습을 알려주고 싶었다. 그것이 내가 할 수 있는, 통일을 준비하는 최선의 방법이라는 생각이 들었다.

탈북 형제들은 남한에서 살아가는 게 마치 타임머신을 타고 여행하는 것 같다고 말한다. 그러나 하나님께서는 그런 기회를 아무에게나 주시지 않는다. 타임머신을 탄 사람들도, 그 사람들을 맞이하는 사람들도 하나님의 분명한 뜻 안에 있다.

북한 형제들이 우리와 다른 사고방식을 가진 것도 그들의 문제만은 아니다. 북한에서 일방적으로 교육받은 것이기에 그들도 어찌할 수 없는 부분이 많다. 그런 그들의 특성을 잘 이해하고, 이곳에서 잘 적응할 수 있도록 지원하면서 통일을 준비해야 하는 게 문제를 풀 수 있는 열쇠가 될 것이다.

나라의 기틀인 가부장적 의식

북한에서 가장 먼저 배우게 되는 사회적 용어는 '어버이 수령님'이다. 북한 사회 전체는 어버이 수령님을 중심으로 한 대가족 형태로 운영된다. 인민들의 삶도 마찬가지다. 세대주인 아버지를 중심으로 가부장적인 문화 속에서 남자와 여자의 차별을 당연하게 받아들이며 살아간다. 남한에 와서는 이것 때문에 문제가 종종 생긴다. 남녀 차별이 심한 북한에서처럼 살지 않겠다는 어머니들과 그 습성을 쉽게 바꾸지 못하는 아버지들 간의 충돌이다.

북한의 아버지들은 그동안 누렸던 가부장적 특권을 쉽게 놓지 못한다. 어떤 경우는 여성 스스로도 남자에게 의존해야 하고 보조적인 역할을 해야 한다고 생각하기도 한다. 이런 경향은 세대와 상관없이 나타났다.

하루는 수업 시간에 남한에 와서 가장 당황스럽게 느꼈던 게 무엇인지를 물었다. 한 남학생이 말했다.

"남한 남자들은 여자들한테 비굴해요. 아마 통일되면 북한 여자들을 남한 남자들한테 다 뺏기고 말 거예요. 북한에서는 조선시대처럼 남자들만 위하고 여자들은 값이 없는데, 여기 남자들은 여자들한테 정말 잘하더라고요."

또 다른 남학생이 말했다.

"북한에서는 여자들이 우리한테 꼼짝도 못해요. 그런데 이것들이 남한에 왔다고 남한 여자가 된 줄 알고…."

여학생들을 향해 눈을 흘기자 여학생들은 "이곳은 더 이상 남자들이 먹여 살리고 이끌어가는 사회가 아니니 그런 건 장군님한테나 가서 알아보라"라며 목소리를 높였다. 북한에서 습성화된 의식들이 세대를 초월하여 남한에 입국하고 얼마의 시간이 지날 때까지는 여전히 그들의 의식을 지배했다.

또한 가부장적 리더십 하에서 살았기에 자기 인생을 스스로 결정해야 한다고 하면 정말 난처해했다. 대학 입시철이 되면 여러 명의 학생들이 교사들에게 남한 학교에서라면 절대로 상상하지 못할 이야기를 한다.

"선생님, 제가 어느 학교, 어느 과에 갈지 정해주세요."

평소 예민한 학생들은 엄한 교사에 대한 거부감이 있지만, 공부를 정말 하고 싶어 하는 학생들은 교사들이 강하게 이끌어주기를 바라기도 한다. 그래서 이들에게 가장 어려운 게 리더십을 교육하는 것이다. 리더십에 대해 설명하면 아이들이 말한다.

"리더십이 왜 필요합니까? 위대한 영도자만 따라가면 되지요."

우리는 남한 아이들에게는 당연한 이야기를 그들에게 설명하는 데 꽤 많은 시간을 보내야 했다.

눈에 보여야 믿는 유물론적 사회주의

물건의 가치를 설명할 때 아이들이 꼭 묻는 질문이 있다.

"그건 얼마짜리예요?"

북한 아이들 대부분은 유물론적 세계관을 갖고 있어서 눈에 보이는 수치화 된 것을 좋아한다. 그래서 철학이나 가치관 등 형이상학적인 이야기를 하면 선뜻 대화에 끼지 못한다. 하나님에 관한 이야기도 실체가 눈에 보이지 않는다는 이유로 쉽게 믿지 못한다.

"보이는 수령님도 못 믿겠는데 안 보이는 하나님을 어떻게 믿어요?"

처음에는 과거의 경험 때문에 믿지 못하는 거라고 생각했지만 그들과 함께 지내면서 공산주의의 유물사관 영향이 더 크다는 것을 알게 되었다. 그런데 하나님께서 탈북 형제들이 많은 고초를 겪는 가운데 기적을 허락하여 살려주시고 한국에 입국하게 하셨다. 유물론에 젖어 있는 그들이 기적적으로 이곳에 오면서 '보이지 않는 손'이 존재한다는 걸 부인할 수 없게 되었다. 이들에게는 하나님께 생명의 빚을 진 특별한 은혜가 있다. 그래서 탈북하여 누구보다도 더 뜨겁게 하나님을 만나는 경우가 많다.

하지만 안타까운 건 많은 교회에서 "교회에 출석하면 지원을 해 주겠다"는 식으로 전도를 하고 있다는 것이다. 그러면서 그들 안에

'유물론적 신앙'이 뿌리깊게 자리잡아가고 있다. 즉, 내가 도움을 받고 있으니 교회에 나간다는 식이다. 일부의 탈북자들이지만 심하게는 "교회에 아르바이트를 하러 간다"라고 말하기도 해서 매우 안타깝다.

사회 전반에 퍼진 **군사 문화**

북한 사회 전체가 전쟁 대비 체제로 운영되고 있다. 일반 사회 용어도 '모내기 전투', '속도전' 등 전쟁 용어가 많다. 마을이나 직장, 심지어 학교에서도 군사 훈련을 수시로 해서 북한 주민들은 자연스럽게 그 문화의 영향을 받는다.

탈북 형제들을 처음 만났을 때 내가 받은 문화적 충격이 상당했다. 어떤 질문을 하면 마치 막 휴가를 나온 군인처럼 크고 우렁차게 대답했다. 긴장이 풀리고 좀 친해지면 나아지지만 기본적으로 목소리의 억양이 높고, 표현 방식이 강하고 직선적이었다.

중국에서 탈북 동포를 처음 만났을 때 그들과 이야기를 하고 나면 이상하게 머리가 아팠다. 당시 이유를 몰랐던 나는 '영적 공격인가' 하는 생각을 했다. 그런데 나중에 보니 북한 동포들은 '솔' 음에 해당하는 높은 톤으로 말하고 있었고, 우리는 주로 '미' 음으로 말한다는 걸 알게 되었다. 그래서 높은 톤으로 말하는 사람들과 맞춰 생활하다보니 평소 쓰지 않던 음역대여서 머리가 아팠던 것이었다.

북한 동포들 역시 우리의 억양과 말투 때문에 불편해했다. 남한 사람들의 말투가 "간살스럽다(간사하다)"라고 느끼며 종종 오해하는 일이 생겼다. 남한에 입국한 지 얼마 안 된 탈북 청년이 내게 말했다.

"선생님, ○○ 복지관의 사회복지사가 저를 좋아하나봐요. 저를 막 꼬셔요."

"그럴 리가….."

복지관의 여성 사회복지사는 탈북 청년을 일상으로 대했을 뿐인데, 남한의 젊은 여성을 처음 접해본 그가 낮고 잔잔한 그녀의 목소리를 듣고 오해를 했다. 북한 여성들은 좋아하는 남자 앞에서 평소와 다르게 목소리에 힘을 빼고 나긋나긋하게 말하기에 그렇게 들렸던 것이다. 또 간혹 목소리가 얇거나 여성적인 남성을 만나면 이상하다며 강한 거부감을 드러냈다.

내가 가르치던 자유터학교의 한 학생이 좋은 중소기업에 취직했다. 그런데 며칠 후 기운이 하나도 없이 나를 찾아와 그간에 있었던 일을 말했다. 입사하고 처음 회의를 하려고 모든 직원들이 회의실에 모였다고 한다. 잠시 후에 사장님이 들어왔다. 한여름에 좁은 회의실에 많은 사람들이 모여 있으니 사장님이 의자에 앉으면서 "오늘 참 덥죠?"라고 말했다고 한다.

그때 옆에 있던 과장이 탈북 청년의 팔꿈치를 쳤다. 영문을 몰랐던 그는 열심히 들으라는 건 줄 알고 사장님을 더 뚫어지게 쳐다보왔다. 사장님이 손수건을 꺼내 이마의 땀을 닦자 과장이 다시 팔꿈치로 그의 팔을 세게 쳤다고 한다. 그때 그는 반사적으로 벌떡 일어서서 "네! 오늘 쎄게(많이) 덥습니다"라고 대답하고 앉았다고 한다. 그랬더니 사무실 분위기가 이상해졌고, 과장이 일어서서 에어컨을 틀었다고 한다. 회의가 다 끝난 후에 과장이 신입사원인 그를 불러 혼냈다고 한다. 그는 자신이 무슨 잘못을 했는지 모르겠다고 한탄했다.

"아니, 덥냐고 해서 덥다고 말했는데 뭐가 잘못된 거예요?"

"에고, 그랬구나! 그 말은 '더우니 시원하게 하라'는 뜻이야. 회사에서는 대개 신입사원들이 그런 일을 하는 거야."

"왜 그런 말을 그렇게 해요? 에어컨을 틀라고 말하면 되잖아요! 그런 걸 어떻게 다 알아듣고 행동해요?"

힘들어하는 그를 한참 다독였다. 우리 문화는 상대방에게 상처를 주지 않으려고 에둘러 말하는 경향이 있다. 그럴 경우 탈북 동포들은 그 말의 진의(眞意)를 잘못 파악할 수 있다. 북한 사회 전체가 상부의 명령을 받아 복종하는 군대식이기 때문에 직선적인 표현에 익숙하다. 그래서 그들에게는 부드럽지만 명확하게 의사 표현을 해주는 게 큰 도움이 된다.

이 외에도 군사 문화의 특징에는 여러 가지가 있다. 그중에는 장점도 있는데 바로 리더십에 순종적이라는 점이다. 그래서 어떤 일을 함께할 때 리더가 섬세하게 잘 가르쳐주면 누구보다 열심히 일하며 그 능력을 발휘할 수 있다.

'왜'라고 묻지 않는 습관

처음 탈북 학생들을 가르칠 때에는 남한 학생들을 가르칠 때보다 덜 힘들었다. 교사의 권위에 도전하고, 학업 스트레스로 인해 신경질적으로 반항하는 남한 학생들과 달리 북한 학생들은 무척 순종적이었다. 또 우리와 언어가 같아서 외국인 노동자를 가르칠 때보다 훨씬 편했다.

탈북 학생들은 조금만 가르쳐도 금세 잘할 수 있을 것 같았다. 수업 시간에 나와 눈이 마주치면 생글생글 웃기도 하고 수업을 받는 태도 역시 훌륭했다. 그런데 시험 점수를 받아보면 가히 충격적이었다. 20점, 32점, 36점…. 뒤통수를 맞은 것 같았다.

'아이들의 그 얼굴은 뭐지?'

완벽하게 속은 느낌마저 들었다. 하루는 아이들에게 왜 답을 틀렸는지 물었다.

"사실 문제가 무슨 말인지 잘 모르겠어요. 모르는 단어가 많아서 하나하나 뜻을 생각하며 시험 문제를 읽는데 이미 시간이 다 지나갔더라고요."

"그럼 왜 물어보지 않았어?"

"모르는 게 한두 가지여야 물어보죠. 처음부터 끝까지 다 모르는데 어떻게 물어봐요."

내가 놀라서 물었다.

"그럼 일반 학교에서도 선생님께 못 물어봤겠네?"

"네."

"친구한테라도 물어보지 그랬어?

"자기 공부하기도 바쁜 애들에게 어떻게 기초부터 다 가르쳐달라고 해요? 그래서 아는 척하고 있었죠."

그들은 '왜'라는 질문을 할 수 없는 사회에서 살았다. 당이 결정하면 그대로 따라야 하는 사회에서 당의 결정에 '왜'라고 질문하는 건 그들에게 허용되지 않았다. 그것은 곧 당에 대한 반항이자 죽음을 의미했기에 그들은 꿈에도 그런 생각을 하지 않았다. 북한 사회는 그들이 스스로 생각하지 못하도록, 당이 시키는 대로 따르도록 교육했다.

한번은 미국에서 농구를 좋아하는 몇 개국의 청소년들을 초청했다. 여명학교의 여학생 3명도 초청되었다. 함께 초청된 다른 나라의 청소년들은 주니어 국가대표급 농구 선수들이었다. 이 프로그램 중에는 친선 도모를 위해 누구나 공감할 수 있는 주제로 학생들 간에 의견을 교류하는 시간이 있었다.

첫 질문은 "스포츠하면 떠오르는 게 무엇인가"였고, 여명학교 아이들이 첫 번째 순서로 대답해야 했다. 아이들은 곰곰이 생각하다가 "다이어트"라고 대답했다. 그런데 다른 나라의 학생들은 "내가 좋아하는 활동으로 평화를 이야기할 수 있는 것, 적과 적이 하나가 될 수 있는 유일한 것, 아픔과 슬픔을 잊을 수 있는 것" 등 모두 철학적이고 의미 있는 이야기를 했다.

날마다 이렇게 진행되다 "당신이 태어난 국가의 사회 문제는 무엇인가"와 급기야는 "대안은 무엇인가"라는 심도 있는 질문까지 나왔다. 상황이 이렇다보니 아이들이 돌아가면서 몸이 아팠다. 생각하는 게 벅차고 어떻게 해야 할지 몰라 극도의 긴장감 속에서 병이 난 것이었다. 인솔 교사가 포기하고 싶어 하는 아이들에게 말했다.

"너희들이 포기하면 아무것도 배울 수 없고, 후배들은 내년에 이런 프로그램에 참가할 수도 없어."

"그러면 안 되죠."

그제야 아이들은 마음을 다잡았다. 탈북 청소년들은 '왜'라고 질문하면 안 되는 사회에서 살다보니 깊은 사고를 필요로 하는 문제를 매우 힘들어했다.

생활총화로 생긴 비판력

북한에는 일주일에 한 번씩 '생활총화'를 하는 문화가 있다. 소학교(초등학교 과정) 2학년부터 시작되는 생활총화는 당의 결정에 위배되는 사람들을 서로 감시하게 하여 자아 비판(북한식으로 호상 비판)식으로 생활을 총화(전체적인 점검)하는 것이다. 이는 북한 사람들이 가족 간에도 당을 비판하지 못하게 함으로써 사회 전체를 주도면밀하게 감시하려는 것이다.

7,8세의 어린 나이부터 시작하여 수직적으로는 당의 지도에 무조건 따라야 하고, 수평적으로는 친구들의 부정적인 면을 찾아내어 비판해야 한다. 생활총화가 북한의 인민들에게 끼친 영향은 매우 크다. 매주 빠지지 않고 시행하는 생활총화로 인해 어려서부터 긍정적인 면보다는 부정적인 면을 먼저 보도록 훈련됐다.

또 생활총화의 과정이며 주요 내용이기도 한 김일성 가계에 대한 찬양을 들어보면 어린 나이에 하는 거라고 믿기지 않을 만큼 수준 높은 표현을 구사한다.

한번은 내가 탈북 청소년들에게 통일이 빨리 되었으면 좋겠다고 말하자 아이들이 하나같이 이렇게 말했다.

"하나밖에 없는 목숨을 둘도 없는 조국 통일을 위해 바치고 싶습니다!"

나는 감격스러웠다. 그러나 그 이후에 자신들이 전혀 알지 못하는 사람들 앞에서도 똑같이 말하는 걸 보고 북한에서 어린 학생들에게 이런 구호를 외치게 하며 길렀다는 걸 알게 됐다. 지금도 아이들은 학교에 방문하는 후원자들에게 자신들이 잘 알고 있는 '준비된 인사말'을 한다. 후원자들은 이 말에 크게 감동하지만 나는 아이들의 진심과 표현 방식 사이에서 남모르게 마음이 아파온다.

내가 출석하는 교회에서 있었던 일이다. 교회에 탈북 동포들과 함께하는 '통일선교위원회'라는 모임이 있다. 우리 교회에서는 탈북 동포들이 교회에 출석한다는 이유로는 지원하지 않지만 건강이나 교육 부분에 어려운 일이 생기면 지원하고 있다. 이 위원회는 교회에서 지원하는 운영비보다 위원회 소속인 성도들의 자발적인 지원과 헌신이 더 많이 필요한 사역이었다. 위원장을 맡은 장로님이 탈북 동포들에게 말했다.

"우리 위원회에 혹시 하고 싶은 이야기가 있거나 우리가 고쳤으면 하는 게 있으면 마음을 터놓고 말하세요."

서로 두리번거리다가 내 뒤에 있던 한 탈북 청년이 "총화하라는 거구나"라고 하더니 손을 들고 말하기 시작했다.

"우리가 꽃제비인 줄 아십니까? 우리를 돕겠다면서 이렇게밖에 못 돕습니까?"

여러 가지 측면에서 온갖 비판을 쏟아냈다. 그날 모임은 그 청년의 계속되는 비판 때문에 민망한 상태로 끝이 났다. 모임이 끝나고 장로님이 내게 말씀하셨다.

"조 교감, 내가 마음이 좀 안 좋네요. 다음 주부터 저 청년이 교회에 나오지 않으면 어떻게 하나?"

당신의 무안함보다도 청년이 실족할까 봐 걱정하셨다.

"아니에요, 장로님! 다음 주에도 꼭 나올 거예요."

다음 주가 되었고, 그 청년은 정말 아무 일도 없다는 듯 교회에 나와서 여기저기 인사를 했고, 그 모습을 보신 장로님은 내게 어떻게 된 일인지 물으셨다.

"어려서부터 서로를 비판하도록 교육받아서 비판해보라니까 그

전문성을 살린 것뿐이에요. 사실은 교회를 좋아하고 도와주시는 많은 분들께 감사해하고 있어요. 그러니까 매주 나오죠."

북한 사람들은 직선적인 성향을 갖고 있어서 좋고 싫은 게 분명하다. 교회도 싫으면 나가지 않는다. 더군다나 자신들을 지원하지 않는 교회가 싫었다면 그 청년도 한 번은 출석했겠지만 두 번은 나오지 않았을 것이다.

생존 전략이었던 거짓말

탈북 학생들은 눈에 보이는 뻔한 거짓말을 할 때가 있다. 악의적인 의도가 있다기보다는 눈앞의 상황을 모면하려는 경우가 많다. 선생님이 왜 늦었냐고 물어보면 혼낼 의도가 없는데도 그 상황을 강압적으로 느껴서 반사적으로 거짓말을 한다. 북한의 경직된 문화와 탈북 과정에서 겪은 위협적인 상황을 모면하고자 했던 거짓말이 습관이 된 것이다.

학교에 체육 교사가 처음 임용되었을 때였다. 그는 학생들에게 옳고 그름을 잘 가르치는 교사가 되려고 마음먹었다. 자신의 올곧은 성격도 탈북 청소년들을 가르치는 데 필요한 부분이라고 생각했다. 그가 처음으로 거짓말을 습관적으로 하는 학생을 지도하게 되었다. 그는 그 학생에게 거짓말을 하면 할수록 계속하게 되고 그러면 벌이 배가된다는 것을 일깨워주고 싶었던 것 같다.

상담을 한참 했는데도 계속 거짓말을 하는 아이에게 논리로 반박

하며 말했지만 마지막까지 거짓말을 하는 아이의 모습을 보고 그는 자괴감을 느꼈다. 그리고 '이 학생들을 어떻게 가르쳐야 되나'라는 교사로서의 회의감까지 든다고 내게 말했다. 나는 그 젊은 체육교사에게 말했다.

"아이들이 왜 거짓말을 하는 줄 알아요? 아니, 왜 거짓말을 할 수밖에 없는지 알아요? 이 아이들은 거짓말을 안 했으면 이미 죽었을 거예요."

"……."

내가 물었다.

"이 아이들이 북한 체제가 싫어서 남한으로 탈북할 거라고 하고, 또 중국에서 '저는 북한 사람이에요'라고 솔직하게 말했다면 어떻게 되었을까요?"

자신의 목숨뿐 아니라 소중한 사람들까지도 위험해지기 때문에 누군가 자신에게 취조하듯 묻고 혼내려고 하면 강하게 거짓말이라도 해야 했다. 그것이 북한 사회나 탈북 생활에서 살아남기 위한 생존 전략이었다. 그래서 거짓말에 대해 스스로 관대할 수밖에 없었고, 습관이 된 것이었다.

외국어를 배격한 주체언어관

북한은 1980년대 이후부터 '우리말 다듬기 운동'으로 한자와 외국어를 모두 한글로 표기하고 있다. 그래서 일상생활에서도 외국어를 접할 기회가 거의 없다. 물론 북한 학교에서도 한자와 영어를 배우고는 있지만 수업 시간 외에는 배운 걸 사용할 수가 없어 실력이 늘지 않는다.

수업 시간에 아이들에게 가장 어려운 과목이 무엇이냐고 물으면 여지없이 한자와 영어라고 대답한다.

"남한 말에는 한자와 영어가 정말 많아요. 어떤 게 우리말이고 한자이고 영어인지 도통 모르겠어요."

어느 날 한 아이가 국어 문제가 잘못 출제되었다며 씩씩거리면서 교무실에 들어왔다.

"왜 그러는데?"

"시험에 '토론이 될 수 없는 것을 고르라'는 문제가 나와 '두발 자유화'를 선택했는데 답이 아니라잖아요. 아니, 대한민국은 자유민주주의 국가 아니었어요? 내 발로 자유롭게 어디를 가든 무슨 상관이라고 토론을 하는 거죠?"

한자에 대한 기본 지식이 없는 탈북 청소년들은 두발(頭髮)을 '두다리'로 이해했던 것이다. 교사가 그 문제를 차근차근 설명해주니 아이는 풀이 죽어서 나갔다. 점심시간에 나는 그 아이를 불러 이야기했다.

"어렵지? 그런데 너희들만 그런 게 아니야. 내 조카는 캐나다에서 살다가 한국에 왔는데 엄마한테 한국이 무섭다고 했대. 엄마가 뭐가 무섭냐고 물었더니 '마미, 할머니를 어떻게 먹어요?'라고 이야기하더래. 나중에 보니 '할머니 머리 곰탕'을 보고 말했던 거야."

이야기를 듣던 아이들은 깔깔거리며 웃었다. 그러고는 옆에 있던 아이가 말했다.

"난 처음에 '준비물'을 가져오라고 해서 매일 물만 가져갔다니까."

벼랑 끝 전술의 사고방식

북한 관련 토론이나 시사 프로그램에서 '벼랑 끝 전술'이라는 말을 심심찮게 들을 수 있다. 정치적 용어로서 치킨 게임(chicken game)식으로 남북 대화나 대외 정치를 하려고 할 때 많이 인용된다. 치킨 게임이란 어느 한 쪽이 양보하지 않을 경우 양쪽이 모두 파국으로 치닫는 극단적인 게임 이론이다.

북한 주민은 정권의 희생양인 동시에 거울이다. 안타깝게도 북한 주민들의 행동 양식은 북한 정권을 많이 닮아 있다. 타협이나 협상의 여지없이 한 사람에게 벌을 줌으로써 백 사람을 경계하는 '일벌백계(一罰百戒)'의 사회에서 살았기에 용서를 기대하지도 않고, 어떤 일이든지 'All or Nothing'(전부가 아니면 아무것도 아니다)식의 극단적인 접근을 한다.

여명학교에서는 지각을 하면 그에 맞는 훈계를 한다. 선생님께 꾸중을 들으면 죄송하다고 말하고 다음부터는 그러지 않도록 주의하면 순조롭게 지나갈 수 있는 문제이다. 그런데 선생님이 약간 큰소리로 훈계를 하면 아이들은 바로 "그럼 제가 학교를 그만둘래요"

라고 대답한다.

생활 지도를 하다가 이런 일이 일어나면 당혹스럽고, 아이들을 어떻게 바로잡아주어야 하나 걱정스럽기도 했다. 그런데 '아는 게 힘'이라고, 탈북 동포들의 이런 특징을 알고 나서 이전보다는 그들을 대하는 게 어렵지 않았다.

당과 인민은 하나라는 생각

탈북 청소년들은 일반 학교를 견디지 못하고 중도에 포기하는 경우가 많다. 그중 가장 큰 이유가 남북 관계에 따라 시시각각 변하는 남한 사람들의 시선 때문이다. 어떤 사람들은 북한 관련 사건이 터지면 그 일을 마치 탈북자들이 한 것인 양 그들을 대한다. 탈북 형제들은 말한다.

"그때만큼은 남한 사람들과 보이지 않는 벽을 두고 서 있는 것 같아요."

아이들 역시 그런 시선에 몹시 당황스러워하며 학교를 그만두기도 한다. 천안함 폭침과 연평도 포격 사건이 있었을 때도 많은 탈북 청소년들이 일반 학교에서 이탈했다. 이런 사건으로 무고한 젊은이들이 희생되고, 그 가족들이 울부짖는 모습을 보면 자신들이 죄인인 것 같다고 말한다. 일반 학교에서 여명학교로 전학 온 학생들에게 너희들 탓이 아니라고 아무리 말해줘도 마음이 편해지지 않은 듯했다. 한 아이가 말했다.

"천안함 사건이 터지자 친구들이 모두 절 쳐다보는 거예요. 어쩔 줄 모르겠더라고요. '내가 울어야 하나' 하는 생각이 들었고, 몇 명의 친구들은 제가 울기를 바라는 표정으로 저를 쳐다봤어요. 그 짧은 시간에 정말 많은 생각을 했어요. '아, 내가 탈북자라는 걸 괜히 말했구나' 하고요."

"조금만 참아보지 그랬어?"

"저랑 정말 친한 친구가 큰 소리로 '야, 너희 삼촌이 폭탄을 쐈냐?'라고 말했고, 주위에 있던 아이들이 모두 웃었어요. 우리가 웃긴가요? 탈북자들은 나쁜 사람들이 아니라고 자존심까지 버리며 아이들하고 친해지려고 노력했는데 한번에 무너지는 것 같았어요. 그래서 뛰쳐나왔죠. 다시는 가고 싶지 않아요."

나는 깜짝 놀랐다. 어쩌면 친구들은 별 생각 없이 쳐다봤을 수 있고, 어색한 분위기를 풀어보려고 가볍게 농담을 했을 수도 있다. 그러나 그런 과정에서 예민한 탈북 청소년들은 남한 친구들이 주지도 않은 상처를 받으며 아파했다. 평소 잘 알고 지내던 탈북 형제들이 몇 년 동안 고민하며 깨달은 걸 내게 말해주었다.

"우리는 북한에서 태어나면서 '당과 인민은 하나'라고 배웠어요. 지도자와 우리 자신을 하나의 생명체로 생각한 거죠. 누군가 북한과 수령님을 욕하면 자기가 욕먹는 것처럼 기분이 상하기도 하고, 다른 사람들이 내 삶 전체를 부정하고 있는 것처럼 느껴요. 저도 처음에는 무척 혼란스러웠고 심지어 그런 생각을 하는 제가 미웠어요. 남한에 와서 이것저것 배워가면서 비로소 알았어요. 그러고 나니 탈북 동포들이 더 가엾더라고요. 처음 남한에 입국한 사람들은 아마 그 감정의 원인을 알지 못해 무척 혼란스러울 거예요.”

많은 사람들이 탈북자들을 도우면서 북한 정권과 지도자들에게 분노한다. 탈북자들의 처참함을 보면 그럴 수밖에 없다. 그러나 아직 모든 문제의 원인을 깊이 고민해보지 않은 그들에게 섣불리 북한에 대해 좋지 않게 이야기하는 것은 그들을 더 힘들게 할 수 있다. 또 다른 섬세한 배려와 시간이 필요하다.

세뇌 교육의 후유증

시간이 지나면서 탈북 형제들이 점점 더 힘들어하는 부분이 있다는 걸 알게 됐다. 북한에 있을 때 배곯고 헐벗어 추위에 떨면서 죽음의 문턱까지 갔던 상처보다도 더 끈질기게 그들을 붙잡는 게 있었다. 바로 ‘북한 정권에 대한 배신감’이었다.

아이들은 태어날 때부터 뼛속 깊이 “김정일 수령님께 목숨 다해 충성하라”라는 교육을 받았고, 이런 세뇌 교육은 아이들에게 ‘외상 후 스트레스 장애’를 남겼다. 아이들은 남한에 와서 북한 정권이 선전한 것들이 과장되고 거짓됐다는 걸 알고는 배신감에 치를 떨었다. 그래서 간혹 북한 정권이나 지도자에 관한 이야기가 나오면 어찌할 바를 몰라 했다.

“선생님, 우리는 어렸을 때부터 백두산 줄기를 하늘처럼 떠받들어

야 하며, 목숨을 걸고 '붉은기'(항일 빨치산의 정신을 상징) 사상을 지
켜야 한다고 배웠어요. 그런데 탈북해서 중국의 조선족 선생님들께
그런 이야기를 하니 한숨을 푹푹 쉬면서 '애들까지 저렇게 만들었
으니…' 하며 저희를 딱하게 생각하더라고요. 그때 창피하고 뭔가
잘못되었다는 걸 느끼긴 했는데 막상 남한에 오니까 화가 나더라
고요."

"왜 화가 났어?"

"저는 중학교 2학년 때 2시간을 걸어서 수령님 생가의 앞마당에
있는 나무의 잎을 행주로 닦았어요. 그때는 진심이었어요. 누가 시
켜서 한 게 아니에요. 그런데 생각할수록 화가 나요."

"북에 있을 때 '수령님은 영원히 우리와 함께 계신다'는 팻말을 늘
보고 살았는데 남한에 와서 보니 대통령에게는 그런 말을 안 하더
라고요. 그런데 교회에 그 문구가 적힌 현수막이 걸려 있어서 깜짝
놀랐죠."

옆에 있던 아이는 말했다.

"북한은 '어버이 수령님'을 '하나님 아버지'처럼 생각하게 하고,
그것을 따르지 않으면 가차 없이 처벌했어요. 우리에게는 어버이 수
령님이 무서운 신이었어요. 한번은 장마당에서 공개 처형하는 걸 봤
는데 처음에는 피비린내 때문에 고생을 많이 했어요. 그런데 두세
번 보다보니 '그냥 저 사람은 우리와 같은 사람이 아니고 짐승보다
못한 나쁜 사람이다'라고 생각해야 마음이 덜 아프더라고요."

내가 말했다.

"너희도 살아야했기에 마음에 굳은살이 생긴 거겠지. 그래야 살 수 있었을 테니…. 안 그러면 모두 마음의 상처가 될 텐데 어떻게 살 수 있었겠니?"

"그런데 계속되는 공개 처형을 보면서 이상하다는 생각이 들었어요. 사람들이 무섭게 처벌을 받으면 다시는 그런 죄를 짓지 말아야 하는데, 왜 번번이 같은 죄목으로 잡혀 오는지 의문이 들었어요."

"강하게 벌을 주면 처음에는 무서우니까 안하다가 도저히 살 방법이 없으니 걸리지만 말자는 생각으로 다시 하다가 또 걸리는 거예요."

다른 아이가 거들며 말했다.

"잡히면 죽는데 왜 자꾸 그런 짓을 해서 총살을 당하는지 당시에는 이해가 안 갔어요. 그 끔찍한 광경을 보기도 싫은데 의무적으로 봐야 하니깐 정말 화가 났어요. 그때는 '저 나쁜 놈들'이라고 생각했는데 남한에 와서 '인권'이라는 것을 배우면서 그들에게 정말 미안했어요. 꼭 제가 그들을 죽인 것 같은 생각이 들었어요."

아이들은 자신이 살겠다고 죽어가는 사람을 짐승처럼 여긴 것에 심한 죄책감을 느꼈다. 그러다 그들을 그렇게 만든 북한 정권에 분노했다.

"공개 처형보다 더 무서웠던 건 어느 날 갑자기 온 가족이 사라지는 거였어요. 옆집에 사는 친구의 아버지가 술을 드시고 김정일에 대한 욕을 했나 봐요. 어느 날 새벽에 여러 명의 사람들이 차에서 내리는 소리가 들리더니 그 후에 군화 발자국 소리가 한참 동안 났어요. 우리 집에 다 들릴 정도였죠. 그때 제가 무서워서 어머니를 꽉 안았는데 어머니가 제 입을 막으셨어요. 그다음 날 아침에 그 집에 가보니 집안은 온통 난리가 나 있었고 아무도 없었어요. 그렇게 한밤중에 가족 모두가 사라져버리면 동네에 온갖 소문이 돌죠. 친한 사람끼리 술 먹고 한 이야기가 어떻게 전해졌는지…. 아무도 믿을 수가 없어요. 그래서 늘 입조심을 해야 하죠. 남한에서는 TV에 나와서 대통령을 비판해도 잡혀가지 않던데, 북한에서는 있을 수 없는 일이에요."

"저희들이 고향을 떠나 온갖 설움을 겪으며 이곳까지 왔잖아요. 그게 다 장군님 때문이잖아요. 미워 죽겠는데도 넋 놓고 있다가 TV에 장군님이 나오면 갑자기 눈물이 나와요. 미치겠어요, 정말! 기도하다가 예수님이라도 만난 것처럼 말이에요."

아이들은 자신들의 이성과 감정이 따로 가는 것에 당황해했다. 머리로는 김정일이 용서가 안 되는데 TV에 나온 그를 보고는 자신도 모르게 눈물이 흐르면 스스로 놀랐다. 어려서부터 그를 보고 감동하도록 교육받았기 때문에 조건 반사적으로 반응했다.

김일성이 죽었을 때는 북한의 전 인민이 진심으로 애통해했다. 물론 김정일 때도 마찬가지였다. 그러나 북한 인민들의 애도는 점차 옅어졌고, 최고 권력자들의 연이은 죽음으로 그들도 신이 아닌 자신들과 같은 인간이라는 걸 깨달았다. 탈북 동포들은 말한다.

"북한 인민들은 이제 더 이상 지도자를 의지하지 않고 스스로 살아가려고 합니다. 아마 이 때문에 통일도 빨리 올 겁니다."

6
공통적
대안

과거의 습성에 대처하는 법

북한 정권으로 인해 습성화된 부분은 각자의 경험에 따라 다르고, 같은 경험을 했더라도 개인의 성향에 따라 다양하게 나타난다. 그래서 그들을 지원하는 방법을 일반화할 수 없다. 즉 전문 사역자의 판단과 노하우에 의지해야 하는 '특별한' 부분이 있다. 그럼에도 그동안 내가 탈북 청소년들과 지내면서 그 습성에 공통적으로 대안이 되었던 부분들이 있어서 소개하려 한다.

당황하지 말고 담담하게 반응하기

예전에 우리 부모님들은 먹고 살기가 어려워 요즘처럼 자식에게 애정 표현을 잘 하지 못했다. 마찬가지로 먹고 사는 게 힘들었던 북한 동포들도 자녀들을 안전하게 보호하지 못했다. 그 상황에서 애정을 표현한다는 건 상상하지 못할 일이었다. 그래서 탈북 청소년들 대다수가 애정 결핍에 가까운 증세를 보인다. 특히 부모가 식량난에 먹을 것을 구하러 탈북하여 북한에 혼자 남겨졌던 아이들의 경우는 더욱 심각했다.

처음에는 자신을 사랑해주는 교사를 믿지 못하다가 시간이 지나 점차 신뢰가 쌓이게 되면 사랑과 관심을 더 받고 싶어 일부러 문제 행동을 하기도 했다. 학기 초에 교사들이 신입생들에게 정신을 집중하고 있으면 자신들에게도 관심을 가져달라는 듯 말썽을 부렸다. 거의 대부분은 잘 달래주고 다독여주지만 가끔은 담담하면서도 엄격하게 지도해야 할 때가 있었다.

"선생님, 저 죽고 싶어요."

"알았어. 어떻게, 언제 죽을지 알려줘."

"네?"

"야, 이 녀석아! 선생님이 어린 신입생들하고 전쟁을 치르고 있으면 선배인 네가 나를 봐줘야 할 거 아냐. 간단하고 쉬운 걸로 해. 교통사고는 끔찍하고, 약은 돈 들고, 강은… 선생님은 수영을 못해. 그것 말고는 없냐?"

툴툴거리며 대화를 이어나가는 내 모습에 아이는 피식 웃고 만다.

가볍고 재미있게 대하기

산업 재해를 겪은 외국인 노동자들과 죽을 고비에서 겨우 살아서 탈출한 난민들과 탈북 동포들을 섬기면서 알게 된 것은 그들을 대할 때 오히려 밝고 재미있게 해야 한다는 것이다. 진지하고 심각하게 다가가면 그들은 우리가 건져낼 수 없을 정도로 깊은 우울감에 빠진다. 그래서 여명학교에서는 즐겁고 재미있게 학교생활을 하는 방법을 늘 연구한다.

매 학기가 시작되면 낯선 곳에 긴장하고 경직된 아이들의 마음을 풀어주고, 학교를 소개하거나 규칙을 미리 알려주기 위해서 오리엔테이션을 한다. 이때 꼭 빠지지 않는 순서가 있는데, 교사들의 장기 자랑이다. 남자 교사들은 가장 인기 있는 걸그룹의 춤을 따라 추었고, 평소 얌전하기만 한 여자 교사들은 보기만 해도 웃긴 관절 꺾기 춤을 선보였다. 교사들이 먼저 망가져주니 아이들은 신이 나서 함께 즐기며 재미있게 새학기를 맞이했다.

수업할 때도 마찬가지였다. 나는 한문을 어떻게 가르쳐야 재미있게 공부할 수 있을까 늘 연구했다. 잘못 가르치면 한문처럼 재미없는 과목도 없다. 그래서 최대한 아이들에게 재미있게 가르치려고 애썼다. 내게 배운 한자는 절대 잊어버리지 않게 하는 게 내 교육 방침이었다. 간혹 내가 한자에 관해 농담을 하면 아이들은 "하하, 선생님 정말 웃겨요. 어른답게 행동하쇼"라고 말하며 웃었다. 처음에는 그런 아이들의 말에 깜짝 놀랐지만 "어른이 정말 웃긴다"라는 표현을 그렇게 한 것임을 알게 되었다. 그럴 때마다 사회에서 오해받을 수 있는 아이들의 말과 생각을 고쳐주는 교육도 병행했다.

약속 시간 지키게 하기

탈북 동포들과 지내면서 제일 당황스러운 건 약속 시간을 잘 지키지 않는거였다. 게다가 약속 시간보다 30분이나 늦게 와서도 미안한 기색이 전혀 없었다. 평소 성실하던 아이들이 외부 행사가 있을 때마다 이런 모습을 보이면 정말 속이 터졌다.

특히 외부의 도움으로 연극이나 영화를 보러갈 때는 정말 난감했다. 한두 명도 아니고 많은 아이들이 제 시간에 오지 않았다. 공연 시간은 다 되어 가는데 아이들은 나타날 기미조차 보이지 않았고, 남아 있는 표를 보고 있으면 화가 머리끝까지 치밀어 올랐다. 옆에서 후원 관계자가 지켜보고 있기라도 하면 내가 죄인이 된 것처럼 얼굴을 들지 못했다.

앞으로 아이들이 살아가야 하는 세상은 신용 사회인데, 기본인 약속을 못 지키니 걱정이 앞섰다. 그래서 아이들과 이에 관한 토론을 벌였다. 아이들이 자신들의 생각을 말했다.

"선생님, 우리에게 약속이라는 게 어디 있어요? 매년 지도자들이 고난의 행군을 끝내고, 강성 대국을 만들겠다는 둥 거짓말만 늘어놓으니 약속은 꼭 지켜야 하는 거라고 생각하지 않았어요."

한 학생이 말을 이어나갔다.

"저희는 남한처럼 휴대폰도 시계도 없었어요. 그래서 약속 시간을 정할 때도 '내일 보자'는 식으로 대충 했어요. 집에 가는 길에 들러서 친구가 있으면 만나고, 없으면 조금 기다려보다가 가는 식이었죠."

"맞아요, 제가 여기에 와서 힘들었던 게 30분 단위로 시간 약속을 정하는 거였어요. 조금밖에 늦지 않았는데도 남한 사람들은 불쾌해 하더라고요. 제가 하루나 이틀을 늦은 것도 아닌데 말이죠."

아이들의 이야기를 다 듣고 나니 어느 정도 이해가 갔다. 북한 사회의 전반적인 분위기가 그렇다보니 습관이 된 거였다. 그래서 그 이후부터는 탈북 아이들과 약속을 하면 여러 번 확인을 했다. 전날에 한 번, 2시간 전에 다시 한 번 반드시 확인하도록 했다. 그러면 아이들은 반복하는 건 중요한 거라고 생각하여 - 북한의 세뇌 교육의 특성 - 약속을 지키려는 의지가 생겼다. 또한 선생님들의 수고가 반복적으로 눈에 보이면 약속을 더 잘 지키려고 노력했다.

조금씩 분배하고 미리 챙겨놓기

남편이 사역하고 있는 '피난처'의 난민들도 그렇지만, 어렵게 살아온 탈북 청소년들에게 안타까운 습성이 있다. 개교 초창기에는 점심 식사를 배식하지 않고 아이들 스스로 마음 놓고 먹으라고 뷔페식으로 식당을 운영했다. 그랬더니 먼저 음식을 가져간 아이들이 맛있는 음식이 나오면 자기 그릇에 산처럼 쌓아 가져가서 뒷사람은 아예 먹지 못했다. 당연히 뒤에 있는 아이들이 거세게 항의했다.

탈북 청소년들은 과거에 차별받고 설움 받은 기억 때문에 자신이 불이익을 당하는 것 같으면 "평등", "형평성"이라는 말을 들어 매우 민감하게 반응했다. 음식뿐 아니라 후원 물품이 들어오는 날이면 더 좋은 물건을 더 많이 가지려고 난리가 났다. 나는 그런 아이들을 호되게 타일렀다.

"애들아! 너희만 생각하면 어떻게 하니? 뒷사람도 생각해야지!"

내 말에 깜짝 놀란 아이들이 말했다.

"선생님, 죄송해요. 저희가 늘 부족하게 지내서 그런지 눈앞에 뭔가 있으면 싸서 담는 습관이 생긴 것 같아요."

옆에 있던 아이가 억울하게 혼나는 아이들의 편을 들어주듯 말했다.

"뒷사람을 어떻게 생각해요? 우리가 죽겠는데요….'

내가 말했다.

"여기가 조선인민공화국이니?"

"그러네요. 하하."

아이들이 웃으며 대답했다. 이후로 식사는 자원봉사자들이 배식하는 방식으로 바뀌었고, 후원 물품도 교사들이 전체 개수를 파악하여 아이들의 필요에 따라 나눠주게 되었다.

자기 생각을 이야기하게 하기

"당이 결정하면 우리는 한다", 북한 인민들이 늘 외치며 살았던 표어다. 그 결정을 위배하는 사람들은 생활총화를 통해 혹독하게 벌주는 게 북한 사회의 기본 시스템이다. 그렇게 북한 사람들은 무엇이든 비판할 수 있는 힘을 길렀고, 이것이 남한에서 사회생활을 하는 이들을 어렵게 했다.

어린 청소년들의 논리적이고 날선 비판과 단순한 감사 인사를 넘어선 찬양은 혀를 내두를 정도로 뛰어나다. 그래서 처음 들을 때는 논리력과 표현력이 매우 창의적이라고 생각되게 한다. 하지만 그런 말을 직접 들으면 이치에 맞고 논리적인 말이라 해도 직설적이고 강해서 듣기 힘들고, 감사의 뜻을 담은 인사말은 찬양처럼 느껴져 민망하다.

또한 전체적인 의견을 말할 때, 하다못해 생일을 맞이한 아이들이 기도 제목을 낼 때도 다른 사람의 기도 제목을 그대로 따라 하는 경우가 많다. 이럴 때는 학생들을 편안하게 해주며 앞의 학생이 이야기한 것을 제외한 자신만의 이야기를 하게 했다. 그리고 감사하다는 표현을 할 때는 큰 목소리로 하지 말고, 어떤 것이 왜 감사한지를 구체적으로 생각하고 조용히 말하게 했다. 그러나 자신과 상관없는 기도 제목을 기계적으로 말하는 아이들이 여전히 있었다.

또한 비판을 계속하는 아이들의 이야기는 다 들어주고 나서 아이에게 이런 질문을 했다.

"그러면 어떻게 하는 게 좋을까? 대안을 생각해봤니?"

그러면 아이들은 모두 약속이라도 한 듯이 아무 말도 못하고 놀라서 쳐다보기만 했다. 당의 결정을 듣고, 따르고, 그에 어긋나면 비판할 수는 있어도 스스로 대안을 만들어 보거나 그 결정에 참여해본 적이 없기 때문이다. 그래서 나는 수업 시간에 그들을 참여시키고, 맡은 일에 책임지도록 했다. 그랬더니 그전보다 더 열심히 최선을 다했다.

탈북 형제들을 우리가 긍휼을 베풀어주어야 하는 대상이 아닌 문제에 대한 대안을 함께 만들어가는 파트너로 보아야 한다. 처음에는 작은 책임부터 맡게 하여 자존감을 세워주고 인정해주어야 한다. 그러면 그 책임의 영역은 점차 확대되고 긍정적으로 변하게 될 것이다.

한편 북한에서 지나치게 '당성'(黨性)이 길러진 학생들은 그것을 바꾸는 데 많은 시간이 걸렸다. 그래서 나는 그들에게 특단의 조치를 내렸다. 어떤 일이 있을 때 비판 거리를 찾기보다는 좀 더 생각해 보고, 나쁜 점보다는 좋은 점이 많으면 사람들 앞에서 그것에 관해 절대 비판하지 말라고 했다. 아이들이 북한에서 하던 식대로 큰 목소리로 강하게 비판하다가 공동체에서 낙오되는 것보다 훨씬 낫기 때문이다.

함께 식사하기

"푸짐한 밥상에서 교제가 더 잘 된다"라는 말처럼 여명학교의 식사 시간은 이야기꽃이 피는 시간이다. 아이들은 밥 먹을 때 가장 행복해 보였고, 그 시간만큼은 자신의 마음을 열고 이런저런 이야기를 하는 듯했다. 상담하면서도 차마 하지 못했던 이야기나 깊은 상처에 대해서도 밥을 먹으면서는 술술 풀어내곤 했다.

교사와 실랑이를 하던 한 탈북 학생이 결국 나한테까지 왔다. 나는 그 아이에게 웃으며 말했다.

"우리가 북한에서 태어나지 않았기 때문에 어떤 방법이 너희들에게 맞는지, 어떻게 사랑해야 너희들이 아프지 않고 행복한지 우리가 최선을 다해도 완벽하지 않잖아!(사실 '나도 모르겠다'라고 말하고 싶을 때가 많지만 아이들이 불안해하기 때문에 가급적 하지 않으려고 한다). 남한 사회에 적응하는 거 힘들지? 여기는 선생님들 빼면 다 북한 아이들잖아. 그러니 선생님도 너희한테 적응하는 게 얼마나 어렵겠니? 그걸 아는 너희들이 애써 적응하려고 하시는 선생님을 괴롭히면 되니? 의리 좀 있어라!"

어느새 아이의 굳은 얼굴이 풀렸다. 그러면 나는 휴전을 선언한다.

"너희들은 배고파서 탈북했지만 난 너희들을 사랑하느라 배고파 죽겠다. 뭐라도 좀 먹고 나서 싸우자."

아이가 어이가 없다는 듯이 웃었다. 나는 평소 알아뒀던 맛집에 아이를 데리고 갔다. 자리에 앉아 음식을 주문하고는 그제야 아이에게 물었다.

"왜 그런 거야?"

그래도 여전히 아이는 대답을 하지 않았다.

"먹어! 남기면 알지?"

아이는 조금씩 먹다가 자신의 속마음을 털어놓기 시작했다. 함께 밥을 먹으며 자신의 이야기를 들어주려는 내게 그렇게 마음의 문을 열었다. 탈북 형제들과 이야기할 때는 함께 먹으면서 이야기하는 게 도움이 된다.

북한 습성을 활용하여 지원하기

탈북 동포들을 도우면서 힘들 때도 많지만 그 부분을 활용하여 지원하면 훨씬 효과적일 때도 있다. 북한의 교육 과정은 체제 선전과 유지를 위한 '다음 세대의 사상화'가 전부다. 물론 상식과 기본 지식도 가르치지만 대부분은 체제 선전과 북한 지도자들의 우상화에 대한 내용을 교육한다. 게다가 이론과 실천을 결합하는 교육 과정을 두고 있기 때문에 농촌 현장이나 산업 현장에 학생들을 자주 동원한다.

우리의 교육 과정과 비교할 때 순수한 교육 내용의 비율이 현저히 낮다. 그래서 북한의 교육 과정을 다 이수했다고 해도 남한의 대학에 진학해서 아무리 열심히 공부해도 졸업하기가 쉽지 않았다.

서울 소재의 한 대학에서 탈북 동포에 대한 따뜻한 마음으로 입학의 문턱을 낮췄다. 대학 측에서는 탈북 학생들이 열심히 공부할 거라고 기대했지만 입학생 중 절반의 학생들이 1학기를 채 마치지 못하고 학교를 그만두었다. 이를 고민하던 총장님이 탈북 재학생들을 총장실로 불러 위로하며 자장면을 시켜주었다.

"이 학교가 개교한 이래 총장실에서 자장면을 먹은 학생들은 너희 밖에 없단다. 허허."

그런데 총장실에 다녀왔던 학생 중에는 단 한 명도 중도에 포기하지 않았다. 내가 그들에게 이유를 물었더니 이렇게 말했다.

"학교의 수령님이 우리를 친히 부르셔서 위로하고 먹여주시는데 아무리 힘들어도 해내야지요."

탈북 동포들은 권위적인 체제에서 살았기에 그 공동체의 가장 권위 있는 사람이 하는 한 마디의 말이 더 효과적이다.

요즘 정부에서는 탈북 형제들에게 관심을 두고 여러 가지 프로그램을 시행하고 있다. 학교와 복지관과 여러 사회 단체에서 각종 멘토링 프로그램을 지원하고 있다. 그러나 이러한 관심과 투자에 비해 결과물이 저조한 게 사실이다.

북한은 "수령님, 장군님, 원수님" 등 절대적 권력에만 '~님'을 붙이도록 허용하고 있다. 그리고 일반 사회에서는 연세가 많으신 분들께만 "할아버님, 할머님"을, 직업 현장에서는 유일하게 교사에게만 "선생님"이라고 부른다. 그 권위는 그들에게 절대적이다. 이런 북한 주민들의 의식을 참고하면 학교를 중심으로 선생님들이 권위를 가지고 프로그램을 운용할 때 그 효과가 훨씬 높아질 것이다. 이럴 경우 교사의 업무가 더 늘어나게 되므로 교사 1인당 학생수를 많이 낮춰야만 한다.

북한은 내부 통제가 심한 폐쇄적인 사회이다. 지역간의 이동이나 사람들 간의 교류가 자유롭지 못하다. 또 생활총화로 인해 서로 감시하다보니 주민들 간의 소통도 원활하지 못하다. 게다가 보위부가 주민들을 수시로 감시하고, 말 한마디를 잘못하면 정치범으로 몰리기에 모르는 사람에 대한 경계가 심하다.

내가 처음 탈북 형제들을 섬기면서 놀랐던 건 우리가 나서서 그들을 서로 인사를 시켜주기 전까지는 먼저 아는 체 하지 않는다는 거였다. 그래서 적절한 시점에 분위기를 좋게 해주고, 그들의 마음을 해석해야 한다는 걸 깨달았다. 때론 북한 형제들의 말하는 방식이 우리와 달라 오해를 살 때도 많았다.

또 탈북 형제들끼리 다투거나 논쟁이 일어날 때는 나름의 통역이 필요했다. 서로 부정적인 것에 집중하여 비판하고 논쟁하기에 긍정적인 면을 보게 하고 분위기를 밝게 반전시켜주는 게 필요하다. 이때에도 그들에게 권위를 인정받는 사람들이 그 일을 하면 훨씬 효과적일 수 있다.

탈북 동포가 학교나 교회와 회사에 결석하고 어려움에 처해 있으면 수령님이 현지 지도를 하듯 직접 방문하는 게 좋다. 공동체의 가장 권위 있는 사람이 직접 찾아가면 더욱 효과적이다. 열 번의 전화보다 한 번의 방문이 그들의 마음을 열 수 있다. 자신들을 사랑하고 있다는 걸 인정하면 그다음 날에는 반드시 다시 나온다.

상처와 마주하기

탈북 청소년들이 탈북할 때 가장 무서워했던 게 북한의 국경수비대이다. 이들에게는 월경(越境)하는 사람을 그 자리에서 사살할 수 있는 권한이 있다. 어느 날 한 아이가 말했다.

"모르는 사람이 카톡(SNS '카카오톡'의 줄임말)을 신청했는데 프로필 사진이 인민군 군복을 입은 군인이었어요. 순간 그 사람이 저를 잡으러 오는 줄 알고 놀라서 핸드폰을 떨어뜨렸어요. 그러고는 정신없이 탈퇴했어요."

아이와 그 사람의 카톡을 찾아 함께 열어보았다. 내가 말했다.

"다시 봐봐! 인민군이 안쓰럽게도 말랐다. 키가 150센티미터도 안되겠는데, 사진 좀 찍으려면 조인성 얼굴이라도 합성하지!"

내 말에 아이는 안심하고 마음껏 웃을 수 있었다. 탈북 동포들에게 과거에 겪었던 경험은 그 자체가 상처이다. 그래서 안전한 현재 상황에서 과거를 마주하도록 하는게 치유에 큰 도움이 된다. 특히 안전이 보장된 대한민국 국적으로 자신들의 탈출 경로였던 중국, 캄보디아, 라오스, 베트남에 봉사활동을 하러 가면 치유는 물론이고 정서적 성장도 이룰 수 있다.

여명학교에서는 외부의 지원을 받아 1년에 한두 명의 학생들을 해외 자원봉사 활동에 보내고 있다. 하지만 재정의 한계로 더 많은 아이들을 보내지 못해 늘 아쉬웠다. 그런데 자연스럽게 아이들이 과거의 상처를 대면할 기회를 갖게 되었다. 여명학교가 남산의 중턱에 있는 소월길로 이전한 후 등교한 첫 날, 아이들이 소스라치게 놀라며 말했다.

"학교로 올라오는 길을 잘못 들어서 옆 골목으로 갔는데 거기에 중국 영사관이 있더라고요. 순간 중국인 줄 착각하고 놀라서 주저앉을 뻔했어요."

아이들 대부분 탈북 과정에서 중국 공안들을 피해 다녀야 했기에 '중국'이라는 말을 듣거나, 중국 관공서의 간판만 봐도 공포에 떨었다. 나는 그런 아이들에게 말했다.

"잘됐다. 하루에 한 번씩 째려보고 와."

며칠 후 몇몇 남학생들이 흥분하며 말했다.

"째려보고 다닌 지 닷새째인데 더 이상 떨리지가 않아요. 이제 진짜 중국 공안을 봐도 떨리지 않을 것 같아요."

어느 날 한 아이가 깜짝 놀라 뛰어 들어왔다.

"선생님, 저거 우리 보라고 걸어놓은 거예요?"

6월 25일 즈음에 도로변에 걸려 있는 '잊지 말자 6·25', '우리는 공산당이 싫어요'라고 쓰여 있는 현수막을 보고 온 거였다. 처음에는 나도 놀라서 자세히 보니 학교 앞 남산 중턱에 6·25 전쟁에서 전사한 이름 없는 전사자들의 묘비가 있었다. 참전용사회에서 걸어놓은 것이었다. 그런데 공교롭게도 그 묘비와 현수막이 우리 학교와 마주하고 있으니 그것을 본 학생들이 긴장할 수밖에 없었다. 아이들에게 이런 상황을 충분히 설명했다.

"전쟁은 민족의 비극이지 너희가 잘못한 게 아니야. 저 분들도 그런 뜻으로 걸어놓은 게 아니니 안심해."

하나님께서는 여명학교의 환경을 총동원하여 아이들이 과거의 상처와 대면하게 하셨다. 이런 환경으로 아이들은 상처를 빨리 일상으로 받아들였고, 더 이상 그것을 상처로 느끼지 못하는 것 같았다. 사람은 도저히 할 수 없는 섬세한 부분까지 감안하셔서 하나님께서 한 번에 해결해주셨다.

고난을 바라보는 시선들

여명학교는 기독교 학교로 '윤리와 종교'라는 과목이 있는데 주로 목사님들이 수업을 하신다. 교회에서는 신자들을 대상으로 사역하신다면 여명학교에서는 하나님을 믿지 않고 사회주의에 젖어 있는 북한 출신의 학생들을 가르치셔야 한다. 아이들은 자신들의 마음을 다 이해해줄 것 같은 목사님에게 학생들은 북한에서 심어준 종교에 대한 편견과 평소 교회에서 하지 못했던 질문을 거침없이 쏟아냈다.

"선생님, 아니 목사님! 정말 하나님이 있나요? 하나님이 사람을 만들었다는데 과학책에서는 원숭이가 인류의 조상이라잖아요."

"우리가 하나님을 믿는데 왜 교회에 헌금을 해야 하나요?"

이럴 때는 수업 진도를 나가기보다 그들의 궁금증을 먼저 풀어주어야 했다. 몇몇 교회에서 기독교 문화를 체험한 학생들도 손을 들고 말했다.

"교회에 전도사님과 목사님이 많잖아요. 그런데 그 사람들이 진짜 하나님을 믿나요?"

목사님이 웃으며 대답하셨다.

"대부분 잘 믿지만 간혹 그렇지 못한 사람들도 있지."

수업이 끝나고 식사 시간에 나는 그 학생에게 왜 그런 질문을 했냐고 물었다.

"북한에서는 김일성과 김정일 추모일에 인민 모두가 부모님이 돌아가신 것처럼 통곡해야 해요. 그렇게 하지 않으면 당성이 약하다는 이유로 불이익을 받으니까요. 김정은이 대중 앞에 얼굴을 내밀 때 인민들은 인기 가수한테 하는 것보다 더 환호해야 해요. 그런데 속으로는 '밥이나 먹여줘라, 너 때문에 내 아들이 죽었다, 너처럼 어린 것이 네 아버지도 못했던 일을 어떻게 하겠냐'라고 생각하지만 겉으로는 찬양하는 척하지요."

이 아이는 북한에서 인민들이 지도자를 찬양하고 숭배하는 모습이 남한의 교회에서 예배하는 모습과 비슷하다고 생각했다. 나는 교회에 다니지 않는 한 학생에게 왜 교회를 다니지 않는지 물었다.

"큰 교회에 갔었는데 찬양이 끝나자 당회장 목사님과 부목사님들이 무대를 가로질러 나오는 걸 봤어요. 마치 장군님이 당대표자회의할 때 나오는 모습 같았어요. 그걸 보니까 갑자기 교회에 다니기 싫어졌어요. 우리를 사랑해주기보다는 우리 위에 군림할 것 같아서요. 저는 다시는 그렇게 살고 싶지 않거든요."

옆에 있던 학생이 말을 이어갔다.

"교회에서 하는 말에 '하나님'이란 단어 대신 '수령님'만 넣으면 북한에서 듣던 말과 거의 똑같아요. 그래서 교회 근처에는 가기도 싫어요."

나는 아이들의 반응에 적잖게 놀랐지만 한편으로는 그런 아이들을 이해할 수 있었다. 누군가에게 무조건 복종해야 하는 비참했던 상황이 하나님의 말씀에 순종할 것을 가르치는 교회에 그대로 투사돼 반발심이 들었던 것이다. 아이들은 '순종'과 '복종'이라는 단어에 몸서리를 치며 기독교를 거부했다. 이것 역시 북한 체제에 대한 상처였다.

탈북 동포들이 하나님을 믿다가 가장 황당하게 생각하는 게 "만약 김일성이나 김정일이 죽기 직전에 하나님을 믿는다고 고백했다면 그들 역시 천국에 갈 수 있었다"라는 말이다. 한 탈북 청소년이 "그런 하나님이라면 전 믿지 않을래요. 도저히 이해가 안 돼요"라고 말했다.

울분을 토하는 아이들에게 내가 말했다.

"너희도 죽을 고비를 겪었지? 그 고난을 어떻게 해석하고 있니?"

아이들이 재미있는 반응을 보였다. 아직 종교를 갖지 않은 아이들은 "재수가 없어서 탈북자로 태어나 이 고생을 하는 거죠"라고 말했고, 불교 신자인 아이들은 "전생에 못된 지주였거나 그 지주 마누라였나 봐요. 많은 잘못을 해서 업보를 갚으라고 고생하는 것 같아요"라고 말했다.

한편 기독교 신자인 아이들은 이렇게 말했다.

"하나님께서 저와 우리 민족을 사랑하셔서 그 많은 고난을 겪고도 우리를 살려서 이곳에 보내셨어요. 기독교인들이 통일을 준비하고, 통일의 때에 남한을 북한에 소개하고, 북한을 남한에 소개하는 평화의 사도로 저희를 보내셨어요."

내가 말했다.

"얘들아, 사람이 하나님의 뜻을 어떻게 다 이해할 수 있겠니? 그렇지만 우리가 고난을 어떻게 해석하느냐는 삶에서 정말 중요한 것 같아."

우리의 대화를 통해 아이들도 자신의 고난이 재수가 없어서였거나 알지도 못하는 전생의 업보를 갚기 위해서가 아니라 이 민족을 위해 사용하시고자 겪게 하신 거라는, 차원이 다른 하나님의 섭리를 알아가는 듯했다. 나도 탈북 청소년들과 대화하면서 내가 믿는 하나님이 얼마나 위대하시며 그분을 믿는 게 얼마나 복되고 자랑스러운 일인지 더욱 깨닫게 되었다.

그 뜻의 비밀을 우리에게 알리신 것이요
그의 기뻐하심을 따라 그리스도 안에서
때가 찬 경륜을 위하여 예정하신 것이니
하늘에 있는 것이나 땅에 있는 것이
다 그리스도 안에서 통일되게 하려 하심이라
에베소서 1장 9,10절

Part 3

희망을 향해
가다

7

미래를 심는
사람들

하나님만 바라보기

하나님의 눈으로 아이들을 바라보며 사역해야 하지만 가끔은 내 눈으로 바라볼 때가 있다. 그럴 때마다 하나님께서는 내게 여러 방법으로 깨달음을 주신다.

한번은 이런 꿈을 꾼 적이 있었다. 일을 끝내고 집에 가는 버스에서 나는 남편의 어깨에 기대어 잠들어 있었다. 그런데 순간 내 몸이 일어나는 느낌이 들었고, 뒤를 돌아보니 또 다른 내 몸이 남편의 어깨에 기댄 채 있었다. 또 다른 내가 내 얼굴을 바라보고 있었다. 지친 내 얼굴을 만지며 그동안 고생이 많았다고 위로하는데 마음이 정말 홀가분했다.

드디어 천국에 갈 수 있다는 생각에 기뻤다. 그런데 순간 음습한 기운이 감돌며 그동안 내가 회개하지 않은 죄가 있다는 걸 깨달았다. 그 죄는 회개해야 한다고 생각도 못한 것이었다. 하나님을 전폭적으로 믿지 못했고, 교회에 기쁘게 가지 않고 의무적으로 다녔던 일이 스쳐갔다.

그리고 아들 시헌이와 딸 가연이가 생각났다. 탈북자와 난민을 돌보느라 힘을 다 쓰고, 집에서는 잠자는 모습만 보여주며 부모로서 잘해주지 못했다. 늘 희생을 강요당했던 아이들인데 앞으로 엄마 없이 살아갈 걸 생각하니 미안했다.

그들이 내가 없어도 행복하게 살아갈 수 있도록 인생에서 가장 중요한 걸 빨리 알려주고 싶었다. 그때 하나님께서 내게 30분이라는 시간을 주셨다. 그래서 급히 전화를 걸어 가족들을 불렀지만 다들 먼 곳에 있어서 아들에게만 전화로 말해야 했다.

"시헌아, 인생에서 하나님이 제일 중요해. 하나님을 기쁘게 온전히 믿어야 해. 그럼 너와 함께하실 거야. 아무 염려하지 말고 하나님만 바라봐. 그럼 엄마가 없어도 잘 살 수 있고, 죽어서도 우리는 다시 만날 수 있어."

얼마나 애타게 말했는지 가슴이 찢어지는 것 같았다. 그런데 평소 눈물이 많은 내가 이상하게도 눈물을 흘리지 않았다. 울면서 말하면 아들이 못 알아들을 것 같아서였다. 그러다 중요한 말을 아들이 잊을까 봐 "안 되겠다. 지금부터 엄마가 하는 말을 녹음해"라고 말하고 이야기를 계속했다.

"인생에서 하나님이 제일 중요하다. 하나님을 기쁘게 믿고 온전히 의지하거라."

그 말만 계속 되풀이했다. 아들이 잊어버리지 않도록 더 좋은 예를 들어 말하고 싶은데 어찌나 마음이 다급한지 아무것도 생각나지 않아 그 말만 계속 반복했다. 그러면서 '내게 며칠만이라도 시간이 있다면 죽는 날까지 사람들에게 그것만 전할 텐데'라며 탄식하다 잠에서 깼다.

그 꿈을 통해 하루를 산다는 게 얼마나 감사한 일인지, 그리고 여명의 아이들과 내 자녀에게 가르쳐야 할 가장 중요한 게 무엇인지, 먼저 구해야 할 것이 무엇인지를 다시 확인하게 되었다.

오랜 기다림

여명학교와 자유터학교에서 보낸 지난 10여 년은 성공보다는 실패를 더 많이 배웠던 시기다. 남북이 70여 년 동안 대치하며 교류가 거의 없었는데, 그 10여 년의 경험과 20년의 내 사역으로 성공하는 법을 알아냈다고 하면 거짓말일 것이다. 그러나 좌충우돌했던 시기를 겪었기에 솔직히 앞으로의 여명의 미래가 더 기대된다.

처음에 나는 아이들에게 무언가를 가르치려고 애썼다. 그런데 어느 순간, 그것보다는 그들의 말을 들어주는 게 중요하다는 걸 깨달았다. 교사들이 아무리 노력하여 공감하려 해도 그들에게는 우리가 상상할 수도 없는 슬픔이 있었다. "우리 가족 중에 너라도 살아라"라며 차가운 두만강으로 등 떠미는 어머니를 바라봐야 했던 마음, 중국에서 붙잡혀 북송을 당하면서 느꼈던 공포와 비참함, 추워지는 날씨에 걱정스럽게 북쪽 하늘을 바라보던 마음, 온기 없는 이부자리에 몸을 누이면서도 북한에 있는 가족에게 갖는 미안한 마음이 그랬다. 그래서 아이들에게 어떤 위로의 말도 하지 못하고 돌아설 때가 많았다.

이런 상황에서는 가르치는 것보다 사랑하는 게 더 중요했다. 그래서 무조건 아이들을 품고 사랑하기로 했다. 하지만 아이들은 좀처럼 마음을 열지 않았고, 우리는 날마다 그들과 전쟁을 치러야 했다. '북한에서 버려지고 남한에서 소외되었다'고 생각하는 아이들, 그들의 얼어붙은 마음을 우리는 우리의 체온까지 총동원해서라도 녹이려고 했다.

"짝사랑일지라도 진하게 사랑하자. 언젠가 아이들이 '나도 누군가에게 진한 사랑을 받았던 귀한 사람이다'라고 깨닫게 된다면 그것으로 족하다."

이렇게 서로 격려하며 최선을 다해 그들을 품었다. 몇몇 아이들은 "저희를 사랑하기가 참 힘드시죠?" 하며 피곤함에 파묻힌 우리를 위로했다. 그러나 대부분은 누군가에게 사랑받는 법을 몰랐기에 아이들의 얼음 같은 마음은 녹지 않았다.

열정을 쏟으며 지내던 어느 날, 아이들의 마음이 실은 '상처덩어리 드라이아이스'(dry ice, 고체 이산화탄소)였던 것을 깨닫게 됐다. 그래서 사랑과 열정으로 녹여보려고 몸부림치면 칠수록 교사들의 마음에는 상처가 늘어만 갔다.

어른들에게도 힘들었을 고난을 겪어낸 아이들은 작은 것에 도전했다가 벽에라도 부딪히면 바로 자신을 방치하거나 숨어버렸다. 이런 아이들은 어느 날 갑자기 연락을 끊고 학교에도 나오질 않았다. 여러 번 전화를 해봐도 소용이 없었다. 선생님들에게 미안하기도 하고, 다시 도전해야 한다는 부담 때문에 전화를 받지 않는 것이었다. 그래도 다행인 건 그들과 함께 죽을 고비를 넘은 친구들의 전화는 받았다.

그렇게 여러 차례 연락을 시도했는데도 계속 결석을 하면, 3일째 되는 날에는 선생님들이 직접 학생들을 찾아 나섰다. 추운 겨울에 문도 열어주지 않아 밖에서 몇 시간 동안 벌벌 떨며 기다리기도 하고, 집 주소를 제대로 알려주지 않아 전화로 수차례 실랑이를 하기도 했다. 그렇게라도 우리가 움직여야 아이들이 하는 수 없이 우리를 집으로 초대했다.

때로는 답답하고 화날 때도 많았지만 이 방법이 가장 효과적이었다. 아이들은 자신들을 직접 찾으러 온 선생님을 보는 순간 눈빛이 달라진다. '누군가 나를 위해, 나 하나만을 위해 찾아와주었다'는 감격이 눈에 서린다. 그런 아이는 다시 학교로 돌아온다. 선생님들이 발로 뛰면 그만큼 반드시 효과가 있다.

선생님들과 지겹도록 숨바꼭질하던 창명이가 1년이 지난 어느 날, 추운 겨울에 자신이 일어날 때까지 귤 한 박스를 다 먹으며 기다려줬던 선생님들의 이야기를 했다.

"그때 솔직히 감동이었어요. 날 그렇게 기다려준 사람은 없었거든요."

탈북 동포들을 섬기는 사역은 특별한 방법이 있는 게 아니다. 그들을 사랑하는 마음으로 직접 발로 뛰면 된다. 그들은 내가 만났던 다른 외국인 노동자나 난민들과는 많이 달랐다. 외국인들은 약간의 문화적 차이를 제외하고는 공유되는 부분이 비슷하여 그들의 언어로 바꿔주면 쉽게 이해했다. 그러나 탈북 동포들은 사회 체제와 통념적으로 인정되는 상식이 다른 부분이 많아서 처음부터 끝까지 다 가르쳐줘야 했다. 그래서 외국인 노동자나 난민들을 상대할 때보다 시간이 많이 걸렸고 체력 소모도 훨씬 더 많았다.

탈북 동포들을 돕는 사역은 많이 힘들지만 우리를 정직한 사역자로 이끌어준다. 사람으로 인해 겪은 게 많아서인지 상대방의 마음을 꿰뚫어보는 능력을 가진 그들을 통해 우리를 자주 돌아보게 되기 때문이다. 또한 정이 많아서 우리가 열심히 발로 뛰면서 노력하다 보면 그들에게 감동받을 때가 많다.

품어주는 사랑

여명학교는 탈북 청소년들의 적응을 돕기 위해 도시형 학교로 세워졌다. 정부에서 그들에게 임대 아파트를 지원해주기 때문에 30퍼센트 정도가 서울에 거주했다. 그래서 초창기에는 기숙사가 필요할 거라고 생각하지 못했다. 그런데 근래에 부모가 없는 무연고 청소년들과 지방에 거주하는 학생들이 많이 입학하면서 그들을 위한 숙소가 필요하게 되었다. 그래서 하나씩 늘리다보니 지금은 남녀 기숙사 3개씩 총 6곳을 운영하게 되었다.

학교 재정이 부족하여 기숙사를 한 곳에 얻지 못하고, 외부의 후원과 통일부의 협조를 받아 30평 정도 되는 다세대 주택 여섯 곳을 월세로 얻어 한 명의 사감님과 10여 명의 아이들이 함께 살고 있다. 처음에는 야간에만 아이들을 돌보는 형식으로 사감님들을 초빙했다. 기숙사 생활비가 걱정되었기 때문이다. 그런데 생활하는 게 쉽지 않았다. 아이들을 자식처럼 돌봐주고 식사까지 챙겨주려면 비용이 더 들더라도 전임으로 전환할 수밖에 없었다.

또 사감님들이 여섯 분이나 되다보니 저마다 개성이 다 달랐다. 원칙을 강조하며 똑부러지게 아이들을 챙겨주는 분도 있고, 조금 부족한 듯하지만 따뜻하게 아이들을 품어주는 분도 있다. 그런데 학생들은 아무리 잘 챙겨주고 맛있는 음식을 잘 해줘도 원칙을 강조하는 사감님보다는 다른 건 약간 부족해도 마음을 편안하게 해주는 사감님들을 좋아했다.

아이들은 북한에서 그 체제가 요구하는 규율로 인해 힘들었고, 탈북하고 남한에 입국하는 과정에서는 규칙이나 규율 없이 살았다. 그래서 그런 아이들과 함께 사는 데는 노하우가 필요했다. 학교에서는 원칙을 가르치지만 기숙사에서마저 그렇게 하면 아이들이 큰 거부감을 가졌다.

많은 시행착오 끝에 어머니 같은 사감님들을 모시게 되었고, 기숙사 내의 규율도 최소화해 가정집의 분위기로 만들었다. 사감님들은 아이들을 친자식처럼 챙겼다. 그래서 학생들은 학교에 갔다 집에 왔을 때 엄마를 찾는 것처럼 그들을 찾았다. 간혹 그들이 개인적인 일을 보러 나가면 돌아올 때까지 서로 돌아가면서 전화를 걸어 언제 오느냐며 재촉했다.

사감님들도 아이들과 정이 들어 때로는 개인 돈을 들여서 아이들을 먹이고 입혔다. 또 특별히 식사에 신경을 써주었다. 한 명이 먹더라도 예쁜 그릇에 담아 꼭 식탁에 차려주었다. 아이들은 그런 노력과 정성에 감동했다.

여명학교에서는 학생들의 건강을 위해 금요일 아침마다 남산을 뛰거나 걷게 한다. 하루는 성문이가 내게 다가와 말했다.

"선생님, 어제 정말 놀랐어요. 제가 교회의 기도 모임에 다녀와서 밥을 늦게 먹어야 했어요. 주방에 서서 대충 먹으려는데, 사감님이 상을 차려주시는 거예요. 그것도 예쁜 그릇에 담아서요. 그리고 제가 밥을 다 먹을 때까지 옆에 앉아 계셔주시는데…."

잠시 뜸을 들이더니 이어서 말했다.

"처음에는 정말 불편했어요. 그런데 먹다보니 눈물이 났어요. 왜 불편할까를 생각해보니 제게 익숙하지 않은 모습이라 그랬던 거예요. 남한 아이들에게는 당연한 것인데 제게는 처음 있는 일이었거든요. 처음이라는 게 서글프기도 했지만 귀한 대접을 받는 게 행복해서 밥이 목에 걸려 안 넘어갔어요."

그러면서 간신히 말을 이었다.

"다섯 살에 부모님이 돌아가신 후에는 줄곧 고아원에서 자라서 이런 느낌을 받아본 적이 없었어요. 정말 기숙사가 내 집 같아요. 꿈에도 생각하지 못했던 일이에요. 제가 학교에 입학하면서 생각지도 못한 가정을 갖게 된 거잖아요."

학교가 탈북 학생들을 제대로 교육하려면 먼저 과거의 상처를 치유해야 하고 안전하게 보호하면서 가르쳐야 한다. 난민 사역을 하고 있는 남편에게 배운 게 있다. 죽을 고비를 겪었던 난민들에게는 먼저 자신이 사랑받고 있고, 있는 곳이 안전하며, 자신의 미래를 꿈꿀 수 있다는 느낌을 갖게 하지 않으면 아무것도 할 수 없다는 것. 그래서 아이들을 먹이고 재우고 가정처럼 보호해주고 따뜻한 사랑을 느끼게 해주어야 했다.

그러다보니 기숙사의 생활비가 만만치 않았다. 때때로 운영비를 생각할 때마다 걱정이 앞섰지만 한편으로는 이런 생각이 들었다.

'내가 이렇게 좋은데 하나님은 더 좋으시겠지? 후원자를 보내주

시지 않으면 하나님만 손해지, 하나님의 아들딸들이 굶는데…. 이게 내 사역인가, 그분의 사역이지.'

하나님께서 아이들을 보시며 얼마나 행복해하실지를 생각하면 두려운 마음이 사라지고 금세 든든해졌다.

바보 교사들

지난 10여 년 동안 자유터학교와 여명학교를 섬기면서 좋은 교사가 있어야 좋은 학생이 있을 수 있다는 것을 깨달았다. 교사들이 꾸준히 자리를 지키고, 노하우를 쌓아가는 게 학교의 전문성이 되기 때문이다. 그것을 바탕으로 좋은 학생들이 배출될 수 있기에 신앙심이 깊고, 아이들을 정말 사랑하는 교사를 뽑으려고 했다.

2010년까지 여명학교 교사들의 월급은 130만 원이었고, 자유터학교는 지금도 여전히 이 수준이다. 집세와 교통비를 내고 나면 용돈도 빠듯할 정도의 박봉이다. 하지만 정말 그런 것을 계산하지 않는 사람들이 교사로 지원했다. 자유터학교의 교사들(정지연, 정주현, 배형준, 김경희, 이욱재, 강자인 간사)은 자신들의 연봉의 나머지는 하나님께 청구할 거라며 학생들을 품으며 행복해했다.

여명학교에서는 개교를 준비할 당시 26세였던 최연정 교사와 채혜성 교사를 막내 교사로 뽑았다. 신앙심과 실력을 두루 갖춘데다 환하게 잘 웃는 예쁜 선생님들이었다. 그런 선생님들을 보면서 아이들도 밝아질 거라는 기대감이 있었다.

교사를 뽑은 후 학교 신입생을 모집했는데, 대부분의 지원자들이 식량난과 탈북으로 교육 공백이 길었던 늦깎이 학생들이었다. 너무도 간절하게 "이곳에서도 우리를 받아주지 않으면 공부를 포기해야 합니다"라고 부탁해서 교사보다 나이가 많은 학생들을 입학시킬 수밖에 없었다. 그래서 막내 교사들이 '오빠와 언니 학생'을 가르치는 상황이 되었다. 나는 젊고 예쁜 막내 교사들에게 말했다.

"미안한데 퍼머도 하고, 정장도 입고, 화장도 좀 해주세요. 유물론 사상에 젖어 있는 아이들이 학교와 교사를 쉽게 인정하지 않을 텐데, 교사가 나이가 어리다고 하면 가르치기가 쉽지 않을 거예요."

막내 교사들은 민망한 내 요청을 받아들여 나이가 들어보이기 위해 노력했다. 우리는 많은 게 부족했기에 열심히 하는 길밖에는 없었다. 가르치는 것도 사랑하는 것도 열심히 했지만 매일 치르는 교사와 학생들의 사랑의 전투는 교사들의 패배로 늘 막을 내렸다. 패잔병 같은 교사들이라도 다음 날 아침이면 다시 사랑하겠다고 하니 그 맷집에 아이들은 교사들을 믿어주었고, 그들의 부족함을 참아주었다.

언젠가 교사들에게 여명학교에서 고생하는 이유가 무엇인지를 물어본 적이 있다. 당시 제일 어린 최연정 선생이 말했다.

"하나님께서는 기도 응답을 늦게 하시거나 침묵으로 일관하실 때가 많으신데, 여명학교의 학생들과 교사들의 기도에는 기다리셨다는 듯 즉각 응답하시는 것 같아요. 바퀴벌레와 쥐와 함께 살았던 봉천동 건물에서 지금의 남산동으로 이전하는 과정, 재정은 빠듯했지만 우리를 한 번도 굶기지 않으셨던 것, 건물과 운동장도 없이 월세살이를 하던 여명학교가 학력 인가를 받는 과정, 학생들의 아픔에 동참했던 북송 반대 운동까지, 정말 셀 수 없이 많은 일에서 하나님께서 이 학교와 함께하신다는 것을 느꼈기 때문이에요."

채혜성 선생도 말했다.

"변할 것 같지 않던 학생들이 변화되어 눈빛이 바뀌고, 꿈을 꾸게 되고, 통일을 준비하는 겸손한 일꾼이 되겠다고 다짐하는 걸 보면 하나님께서 일하시는 게 느껴져요. 그리고 그럴 때 교사로서도 참 행복해요."

이 착한 막내 교사들과 왕고참 교사들의 헌신과 사랑이 없었다면 여명학교의 기적은 아마 없었을 것이다.

서울대학교를 나와서 다른 좋은 자리가 있었음에도 여명학교에서 사회 과목을 가르치는 김신동 선생, "하나님께서 탈북 학생들이 위화감을 갖지 않게 하시려고 제 키를 작게 만드셨나 봐요"라며 수줍게 웃는 이세영 선생, 안 되는 유머로 아이들을 웃기려고 연구하는 강수산, 전형국 선생, "우리가 이벤트 회사 직원인지 교사인지 구분이 안가요"라며 밤새며 새 학기마다 오리엔테이션을 기획하는 변정훈, 권정연 선생, 아르바이트하러 왔다가 하나님 때문에 발목이 잡힌 황희건 선생, 아이들에게 연예인 '수지'라고 칭찬받는 50대의 오수지 선생, 처음에는 과학 교사로 섬기다 아이들을 더 오랫동안 가르치고 싶어 목회자의 길을 걷는 안신권 선생. 모두 아이들을 사랑하려고 몸부림치면서도 날마다 최선을 다했는지, 하나님을 뵙기에 떳떳한지를 매일 고민한다. 그러다 학생들이 그만두거나 연락을 끊으면 자신이 잘못해서 그렇게 된 거라며 밤잠을 못자는 바보 같은 사람들이다.

나는 그 모습을 보고 슈퍼맨이 되기로 결심했다. 선한 뜻을 품은 젊은 교사들이 노하우가 쌓이기도 전에 큰 짐을 맡으면 주저앉을 수밖에 없기 때문이다. 교사들은 주로 학생들을 가르치고 학급 운영을 맡고, 나는 가장 문제가 되는 학생들과 후원 모금과 정부나 제도와 관계되는 일들을 맡아서 교사들이 수업에 집중할 수 있고, 아이들의 문제가 해결되어 편안히 공부할 수 있도록 최대한 도와주고자 했다.

그러나 탈북 청소년들을 가르치는 개척자 학교의 교사들은 아이들에게 발생되는 모든 문제를 함께 풀어야 하는 여러 역할을 담당해야 했기에 어려움이 더 컸다. 학생들의 일탈을 버텨줘야 하며, 그들이 방황해도 학교에 남아 있을 수 있도록 끈질기게 사랑하며 관심의 끈을 놓지 않아야 했다.

이 모든 것에는 예술적이고 기술적인 부분이 상당히 필요했다. 각 학생들에게 다가가는 방법들이 모두 달라야 했기 때문이다. 세월이 지나면서 아이들의 성향도 많이 달라졌다. 공부하고 싶어 입학하는 학생들부터 오늘을 성실하게 살아내는 훈련이 필요한 학생들까지 다양해졌고, 그에 따라 교사들도 다양한 시행착오를 거쳐 노하우를 쌓아갔다.

사랑을 받아본 적이 없는 아이들은 계속 사고를 치면서 교사를 쳐다본다. 꼭 연애하는 남녀 사이에 상대방이 자신을 좋아하는지를 확인하려는 것처럼. 탈북 청소년들은 끊임없이 사고를 치며 '사랑의 줄다리기'를 한다. 그래서 교사는 에너지가 넘치는 아이가 사랑을 믿을 때까지 체력을 유지해야 한다. 그리고 결국은 '사랑'이 '의심'을 이겨낸다. 그러한 사랑을 경험한 아이들은 자신도 누군가에게 사랑받은 사람으로서 다른 사람들을 사랑하기 시작한다.

여명학교의 선장

통일을 준비하는 긴 여정의 항해에서 항로를 결정하는 '선장'의 자리는 정말 중요하다. 감사하게도 하나님께서는 때에 맞는 리더십을 지닌 교장선생님들을 우리 학교에 보내주셨다.

초대 교장선생님은 외국계 기업의 CEO로 오랫동안 일하신 분이었다. 말끔한 차림으로 늘 고급스럽게 보였던 그 분이 어느 날 아침 조회 시간에 탈북 학생들의 생기 없는 모습을 보시고는 갑자기 휴지를 가져오라고 하셨다. 그러더니 뒤를 돌아 휴지를 얼굴에 대고 만지작거리셨다.

난 속으로 '아이들이 심하게 말썽을 부렸구나' 싶어 숨죽이고 있었는데 그때 교장선생님이 웃으며 돌아서셨다. 그런데 휴지가 왼쪽 콧구멍에서 오른쪽 콧구멍으로 연결돼 있었다. 마치 고삐를 꿰기 위해 코를 뚫은 소와 같았다. 아이들과 교사들은 일제히 눈을 동그랗게 뜨고 빤히 쳐다봤다. 교장선생님이 말씀하셨다.

"저는 부잣집 아들로 태어나 잘살았지만 제게 주어진 일은 누구보다 열심히 했습니다. 현장에서 열심히 일한 나머지 약품들로 인해 코에 구멍이 생겼답니다. 불편하기는 하지만 창피하지는 않습니다. 저는 제게 주어진 일에 최선을 다했으니까요. 그렇게 열심히 일하다 보니 부와 명성은 저절로 따라왔습니다. 여러분도 할 수 있으니 힘을 내세요."

진정성 있는 교장선생님의 모습에 학생들은 아무 말도 하지 못하고 열심히 살겠다고 다짐하듯 입술에 힘을 주었다.

2012년 2월에 부임한 제2대 교장선생님은 이랜드그룹의 초기 경영인 출신이시다. 교육에 뜻을 두어 수학교육과를 전공했지만 경영인으로 오래 일하다가 뒤늦게 신학을 공부하고 학교에 부임해 오셨다. 교장선생님은 20대의 세 딸과 입양한 일곱 명의 아들이 있으시다. 한국에서는 입양할 때 아들보다는 딸을 선호하는 분위기 탓에 일부러 아들을 입양하셨다고 한다.

조회 시간에 가끔 그 아들들에 대해 이야기해주시는데, 누군가가 가족으로 받아주지 않으면 시설에서 외롭게 있어야 할 아이들이 사랑을 받으면서 환하게 웃는 모습을 보면 행복하고 보람을 느낀다고 하셨다. 아이들은 이런 모습을 보면서 그 분이 자신들을 학생으로서만이 아니라 친자식처럼 생각해주시고 사랑해주실 거라고 생각했다.

학력 인가의 장벽

사회운동가였던 나는 탈북 학생들을 가르치는 교사가 되어서도 제도적으로 뭔가 잘못된 점이 보이면 엉덩이가 들썩거렸다. 사회운동을 하면서 잘못된 제도 때문에 눈물 흘리는 사람들의 눈물만을 닦아주는 건 그 제도를 인정하는 거나 마찬가지라고 느꼈다.

나는 그들을 내 친구와 자녀로 생각했다. 그래서 내 자녀들이 울 때 문제를 해결하기 위해 나서는 어미의 심정으로 집요하게 문제를 파고들었고, 제도가 어떻게 바뀌어야 할지 치열하게 고민했다. 제도가 바뀌면 그 눈물이 그칠 수 있기 때문이었다. 그러나 많은 사람들과 정부 관리들은 불가능한 일이라며 나를 설득하려고 했다.

하지만 과거에 억울하고 힘든 일을 겪었던 아이들이 한국에서까지 답답하고 어려운 일들을 겪어내야 할 생각을 하면 정말 안쓰러웠다. 그래서 나는 공무원들과 관계자들을 만나 설득하고, 그게 안되면 몸으로 부딪쳐서라도 제도를 만들어냈다. 제도적으로 가장 큰 문제는 한국의 교육 환경이 북한에서 살다 온 아이들에게 맞지 않는다는 거였다. 남한의 일반 학교에 들어간 탈북 학생들은 이 차이로 인해 당황했고, 여명학교는 그런 아이들을 맡아 교육하고 보호했다.

그런데 학력 인가(認可)가 되지 않아 아이들에게 필요한 교육을 하는데 큰 걸림돌이 되었다. 유물론적 세계관으로 살던 탈북 청소년들은 미인가 학교를 '학교'라고 생각하지 않고, '말이 통하는 검정고시 학원' 정도로 생각했다.

남한 학생들에게는 검정고시가 쉬울 수 있지만 탈북 청소년들에게는 그야말로 고시에 가까웠다. 빠른 시간 안에 시험에 합격하기 위해서는 초등학교 6년, 중학교 3년, 고등학교 3년 과정에서 시험에 나올 만한 것만 골라 단답형으로 외우게 해야 했다. 그렇게 검정고시를 보게 한 이후에 그동안 미뤄왔던 교육을 하려고 해도 시험에 합격하고 나면 운전면허 학원에서 면허증을 딴 사람들처럼 학교를 떠나버렸다.

그리고 수업 시간에 교과 내용이 아닌 인생에서 정말 중요한 이야기를 꺼내면 아이들은 부담스러워했다. 어떤 아이는 "선생님, 이런 문제가 검정고시에 나오나요"라고 물었다. 나이가 많은 탈북 학생들은 한시라도 빨리 어려운 검정고시를 통과해야 하는데, 남한 교사가 그 마음도 몰라주고 신선놀음하는 것처럼 보였던 것이다. 그래서 열심히 고생하는 교사들은 자괴감과 허탈감에 시달렸다.

게다가 아이들은 과거의 습성을 좀처럼 바꾸지 못했다. 거의 매일 지각하는 학생들, 술 냄새를 풍기는 학생들도 간혹 있었다. 안타까운 마음에 "학생이 이러면 되겠니? 술 먹고 학교에 오는 사람이 어디 있어? 최소한 학교 앞에서는 담배를 피우면 안 되지!"라고 말하면 "전 스무 살이 넘은 성인인데 뭐가 잘못됐나요"라고 당당하게 되받아쳤다.

학생들은 여명학교를 학원으로 생각했다. 실제로 나를 "원장님", 학교를 "여명학원"이라고 불렀다. 교사들에 대해서도 마찬가지였다. 애초에 아이들의 이런 성향을 알고 있었기에 교사도 교사 자격증이 있는 사람들만 뽑았고, 자격증이 없는 교사들에게는 학비도 지원해주지 못하면서 야간대학원에 다니라고 요구했다.

그런데도 학생들은 교사를 선생님으로 여기지 않았고 지식 판매자쯤으로 생각했다. 학생들에게 교사의 권위를 인정하는 존경심이 없다면 교육은 불가능하다. 권위가 인정되지 않으면 그들에게 지식보다 더 중요한 인성이나 영성을 교육하는 데 한계가 있을 수밖에 없다. 그래서 이들에게 제대로 된 교육을 시키기 위해서는 학력인가가 무엇보다 시급했다. 교육 이전에 치유와 보호가 선행되어야 하는데 검정고시의 부담 때문에 교육이 아닌 교습만 하게 되는 게 안타까웠다.

나는 제도를 면밀히 살펴보았다. 일반 공교육 시스템으로 돌보기 어려운 탈북 청소년들을 위해서는 학교를 대안학교로 운영하되 검정고시에 대한 부담을 없애야 했다. 그러기 위해서도 반드시 인가가 필요했다. 그런데 학력 인가를 받으려면 학교 건물과 운동장을 소유해야 한다. 흔히 "돈이 있으면 마음이 없고, 마음이 있으면 돈이 없다"라는 말을 하는데, 우리 학교는 마음은 있는데 돈이 없는 경우였다.

우리나라의 교육법은 법 체계 중에서도 가장 보수적이라고 평가받는다. 건물과 운동장이 반드시 있어야 한다는 규정은 일제강점기 이후로 한 번도 바뀐 적이 없었다. 그래서 그것을 바꾸는 건 불가능하다고 했다. 현행법으로 안 된다고 했다. 나는 고민을 거듭하면서 그 법을 바꾸기로 결심했다. 그리고 교회에 강연을 가거나 간증을 할 때마다 사람들에게 기도를 부탁했다.

"여명학교가 학력 인가를 받을 수 있도록 함께 기도해주세요."

어떤 사람들은 내게 "이런 문제는 교회가 풀 게 아니라 정부가 풀어야 해요"라고 조언하기도 했다. 나는 그 말이 마치 "이건 하나님이 못하시고 대통령만이 할 수 있어요"라고 들렸다. 나는 그들에게 말했다.

"하나님께서 반드시 이루시는 걸 보여드리겠습니다."

그리고 날마다 간절히 기도하며 정부 각 부처에 "여명학교를 포함한 탈북 청소년 대안학교가 인가를 받아야 한다"는 민원을 넣기 시작했다. 매년 모든 부처에 민원을 넣고 언론사의 인터뷰를 할 때마다 이야기했다.

그러던 2009년 10월, 청와대 교육문화수석실에서 연락이 왔다.

그해 11월 5일에 대안학교 설립 운영 규정이 개정되어 북한이탈 청소년, 다문화 가정, 학교부적응 청소년들에게는 임대 상태인 학교라도 학력을 인정하도록 개정되었다. 그렇게 우리는 이 규정에 의한 '제1호 인가 학교'가 되었다. 6년간의 노력의 결실로 2010년 3월 22일에 월세살이 학교로는 처음으로 여명학교가 고등학교 과정의 대안학교로 학력 인가를 받았다.

그동안 포기하고 싶을 때도 참 많았다. 탈북자들을 돕다가 낯선 타국의 국경에서 잡히고 심문을 당했을 때도 그런 생각은 하지 않았다. 그러나 탈북자들을 위한 제도를 만들면서 복잡한 절차와 힘든 일로 중간에 그만두고 싶었던 때가 한두 번이 아니었다. 현장에서 목숨을 거는 일보다 기득권에 편입하는 게 더 힘들게 느껴졌다.

여명학교가 인가받는 과정을 통해 탈북 동포들이 대한민국에 편입되면서 이런 감정을 느꼈을 거라는 동병상련의 마음이 들었다. 그래서 그들을 지원할 일이 있다면 힘써 도와야겠다고 생각했다.

어려서 탈북한 탈북 동포들 중에는 초등 과정도 제대로 이수하지 못한 사람들이 많았다. 초등 검정고시가 1년에 한 차례가 있는데, 남한에 입국하는 때와 응시 접수 기간이 맞지 않으면 다시 1년을 기다려야 했다. 그러다 보면 생활에 밀려 포기하기 일쑤였고, 돈도 없고 학력도 낮아서 허드렛일조차도 하기 힘든 계층으로 전락했다. 그런 이들을 위해서 또 열심히 일했다. 감사하게도 우리가 그들을 사랑하는 마음으로 일하면 하나님께서 문제를 하나씩 풀어주섰다. 초등학교 검정고시도 중등 검정고시처럼 1년에 두 차례를 볼 수 있게 되었다.

이런 경험이 쌓이면서 여명학교는 여명학교만을 위해서가 아닌 탈북자 전체와 통일을 위해 일하게 되었고, 하나님께서 그것을 기뻐하신다는 생각이 들었다. 우리는 이 학교를 통해 하나님의 역사를 보게 되었다. 누구도 도와주지 않아도 옳은 일이면 죽기를 각오하고 해야 하는데 하나님께서 직접 도와주시니 얼마나 감사한가!

미래를 꿈꾸게 되다

학력 인가를 받은 날을 지금도 잊을 수 없다. 개척자의 뿌듯한 마음이 있었다. 아이들도 정말 행복해했다. 대안학교이기 때문에 다른 사립학교들처럼 교육청에서 인건비나 운영비를 지원받지는 못하지만, 그동안 문제가 되었던 모든 게 사라졌다.

우선 생활지도를 할 때 "왜 간섭하느냐"라고 대드는 아이들이 사라졌다. 나이가 어떻든 '이곳은 학교이고, 자신은 학생'이라는 생각을 하게 됐다. 또한 학업도 아이들의 필요에 따라 체계적으로 가르칠 수 있게 되었다. 평소 아이들이 궁금해하던 것들을 가르쳐주거나 그들에게 정말 필요한 민주시민 교육과 인성, 가치관, 영성에 대한 교육을 제대로 할 수 있게 되었다.

학력 인가를 받으면서 아이들은 미래에 대해 꿈꿀 수 있는 시간을 갖게 되었다. 그전까지 아이들에게 꿈이 뭐냐고 물으면 "악몽을 매일 꿔요"라고 진지하게 말하곤 했다. 또 "우리는 어디에서 왔고, 어떻게 살아야 하며, 어디로 갈 것인가"라는 다소 철학적인 질문을 던지면 그런 질문을 처음 받아본 아이들은 "우리는 북한에서 왔으며, 열심히 살아야 하고, 나중에 북한에 갈 것이다"라고 대답했다.

이랬던 아이들이 검정고시에 대한 부담이 사라지자 삶에 대해 깊이 고민하고 생각할 수 있게 되었다. 북한에서는 당의 결정에 따라 살았고, 중국에서는 하루하루 힘들게 버티며 살던 그들이 복잡한 남한 사회에 나가기 전에 충분히 생각하고 삶의 자세를 갖출 수 있게 되었다.

또한 생활에 꼭 필요한 것들도 가르칠 수 있었다. 커피전문점에서 음료를 주문하기, 도서관에서 책을 대출하기, 시장에서 장보기, 직업을 체험하기 등 이곳에서 적응하는 데 필요한 모든 걸 함께해볼 수 있었다. 종종 아이들이 말했다.

"커피를 달라고 하면 그냥 주면 될 것을 뭘 고르라는 게 그렇게나 많습까? 아메리카노, 카푸치노, 카페 모카, 에스프레소 중에 고르라고 하질 않나, 레귤러, 라지, 시럽, 아이스냐 핫이냐부터 적립카드, 할인카드, 포인트 마일리지까지 알아들을 수 없는 말만 계속하니 머리가 복잡합네다."

학력 인정을 받은 것에 대해 우리가 전혀 생각지도 못한 부분을 말하는 아이들도 있었다.

"여기 사람들은 천안함 사건이나 연평도 포격, 핵 개발 등 북한의 도발이 사회적 문제가 되면 우리를 위험한 사람들로 보는 것 같아요. 우리는 그런 사람들이 아니라고 증명하고 싶은데 할 방법이 없었어요. 그런데 학력 인가를 받으니 정부에서 공식적으로 인정받은 곳에서 우리를 증명해줄 수 있어서 정말 좋아요."

학교가 그들의 신원을 증명해주는 보호막이 된 셈이다. 처음 개교했을 때는 교육 공백이 큰 탈북 청소년들에게 잃어버린 학창시절을 되찾아주는 데 의미가 있었다면, 학력 인가가 되면서는 탈북 학생들의 과거의 아픔을 씻어내며 떳떳한 대한민국 시민이 되도록 지원할 수 있게 되었다.

8
성장하는
아이들

내 친구를 살려주세요

2012년 2월, 새벽에 한 졸업생에게 전화가 왔다. 내가 전화를 받자마자 그 아이는 동생이 탈북하다 잡혔다며 울부짖었다. 탈북자들의 북송 문제는 어제오늘의 일이 아니지만 김정일 애도 기간인 사망 후 100일 이내의 탈북은 반역 행위로서 삼족(三族)을 멸한다고 했다. 탈북하다 잡힌 동생뿐 아니라 부모님과 친척들까지 박해를 받는다며 북송할 거면 차라리 죽이라며 통곡했다.

나는 아이를 진정시키고, 잘못하면 북송 당하는 사람들의 신원이 공개되어 위험해질 수 있으니 좀 더 지켜보자고 했다. 그런데 몇몇 정치인들이 이 사건을 이슈화하면서 언론에 그들의 신원이 노출되고 말았다. 여러 언론사에서 경쟁적으로 다루면서 이상한 방향으로 흘러가게 되자 가족들은 더 애가 탔다.

옆에서 지켜보던 여명학교 졸업생과 재학생들은 "Save My Friend"(내 친구를 살려주세요)라는 북송 반대 캠페인을 시작했다. 학생들이 직접 전단지를 만들어 명동에서 뿌리고 있다며 내게도 보여주었다. 전체적인 내용은 진정성이 있었지만 '중국에 북송될 위기에 있는 친구들을 위해 일떠서주기 바랍니다'라는 흥분된 어조로 쓰여 있었다. 아이들이 힘들게 나섰지만 자신들의 처절한 상황을 잘 표현하지 못해 사람들에게 외면당할 처지에 있었다.

또한 여명학교 학생들은 북송 반대 캠페인이 자신들의 문제이기에 적극적으로 돕고 싶어 했지만 북한에 있는 가족들에 대한 걱정으로 조심스러워 했다. 그래서 아이들이 할 수 있었던 건 마스크로 얼굴을 가리고 알리는 것뿐이었다.

그런데 언론에서 이 아이들의 신원을 노출시켰고, 아이들과 가족들은 시간이 지날수록 불안해했다. 한밤중에 한 아이가 내게 전화를 해서 엉엉 울며 말했다.

"선생님, 우리를 사랑한다면서 왜 아무것도 하지 않아요? 전 지금 죽을 것만 같아요."

나는 뜬 눈으로 밤을 지새우며 아이들을 보호하기 위해 어떻게 해야할지 기도했다. 내가 앞에 나서야 하지만 일이 잘못되기라도 하면 여명학교의 사역을 못하게 될 수도 있다는 생각을 하며 기도

했다. 하나님께서는 울부짖는 아이들을 외면하라는 응답을 하지 않으셨기에 나는 나서기로 했다. 차인표 씨에게 기도해달라는 문자를 보냈다.

'아이들이 많이 힘들어하네요. 어떻게 할 방법이 없어 울고만 있어요. 도저히 그냥 보고 있을 수가 없고, 아이들을 보호하려면 제가 나서야 할 것 같아요. 앞으로 일이 어떻게 될지 모르니 기도해주세요.'

바로 차인표 씨에게 전화가 왔다.

"아이들이 힘들어하는데 어떻게 기도만 하고 있겠어요? 같이 합시다!"

탈북자들을 소재로 한 영화인 〈크로씽〉 시사회 때 그를 처음 만났다. 그때 그는 "탈북 관련 영화라서 부담스러워 출연하지 않으려고 했다. 그런데 탈북자들의 실상을 듣고 기도했고, 누군가는 그들과 함께해주어야겠다고 생각했다"라며 사명감에 가득 찬 눈빛으로 말했다. 그것이 인연이 되어 그는 여명학교의 일에 언제든 의리 있게 나서주었다.

나는 곧장 보도자료를 만들어 배포했고, 아이들은 친구들을 살리겠다고 피켓을 만들었다. 다음 날 아이들은 "Please"(제발)라고 쓴 마스크를 쓰고 중국대사관 앞으로 갔다. 그러나 중국에서 숨죽이며 살았던 아이들은 펄럭이는 중국 국기에 주눅이 들어 고개도 들지 못하고 서 있기만 했다. 이때 차인표 씨가 탈북자들과 함께 울어줄 이성미 씨 등 몇 명의 연예인 동료들을 모아 대사관 앞에 나타났다. 그들이 나타나자 아이들의 굳었던 얼굴이 풀어졌다. 많은 취재진 앞에서 자신들을 대신해서 그들이 노래도 불러주고 호소해주니 감사함에 눈물을 흘렸다.

"살려주세요! 살려주세요!"

얼마나 많이 해봤던 말이고, 또 얼마나 많이 묵살되었던 말인가! 중국의 공안들에게 살려달라고 외치면 외칠수록 돌아오는 건 욕설과 폭력뿐이었다. 탈북자들은 죽은 듯이 있어야 했다. 그런 모든 걸 알고 있는 여명학교 아이들은 중국에 잡혀 있는 친구들이 가엾고, 대신 외쳐주는 삼촌과 이모들이 감사해서 울었다.

학생들이 힘들게 나서준 것을 보고 남편이 운영하는 '피난처'의 외국인 난민들도 중국대사관 앞으로 왔다. 추운 날씨에 전국 각지에서 모인 그들에게 고맙다고 인사를 하자 그들이 학생들을 쓰다듬으며 내게 말했다.

"누나는 난민이 아니요, 나는 난민! 그러니 누나 문제가 아니고 우리 문제요!"

친하게 지내는 방글라데시인 난민이 서툰 한국말로 말했다.

"누나, 형님(남편인 이호택 대표) 맨날 우리 도와 고생 많이! 오늘 우리가 누나 도와. 추워 괜찮아!"

콩고 난민으로 남편이 콩고까지 가서 증거를 수집하여 난민 인정을 받게 된 욤비 씨와 그의 아들인 라비와 조나단, 딸인 파트리샤도 함께했다. 아이들이 "큰엄마, 중국이 북한 난민들을 왜 북한으로 보내요? 난민은 그러면 죽는데…" 하며 눈을 동그랗게 뜨고 말했다. 나는 "그러게 말이다. 너희들도 아는 걸 어른들이 모르는구나"라고 말하며 아이들을 안아주었다.

그렇게 여명학교 학생들과 졸업생들이 시작한 탈북난민 북송 반대 캠페인이 한국뿐 아니라 미국과 독일, 영국 등 세계적으로 확산이 되도록 하나님께서 인도하셨다.

그리고 차인표 씨와 여러 연예인들은 북송 반대 캠페인에서 절규하는 탈북 동포들을 보고 그들을 위로하는 "Cry With Us"(우리와 함께 울어주세요)라는 콘서트를 열자고 제안했다. 콘서트를 하나님께 바치며 탈북 동포들을 위로하는 것이니 자비와 자력으로 하기로 했다. 그래서 차인표 씨는 행사비를 담당했고, 콘서트 기획과 연예인 동참을 권유하는 건 그와 함께 심태윤, 이성미 씨가 맡았다. 보도자료를 배포하고 탈북 동포들에게 콘서트에 참석해달라고 권유하는 일은 내가 맡았다.

행사장 대관이 어려웠는데 차인표 씨가 나서서 설득한 끝에 행사하기 삼 일 전에 겨우 계약이 되었다. 우리는 3일 동안 탈북 동포 1,000명을 모아야 했고, 보도자료를 배포하여 언론사들을 초청했다. 단 사흘 만에 한다는 것 자체가 무리였지만 우리는 "하나님만 의지하며 갑니다"라며 마지막 기도를 했다. 기획 회의 때 차인표 씨가 내게 물었다.

"탈북 동포들이 몇 명이나 올 수 있을까요?"

"솔직히 잘 모르겠어요. 하지만 최선을 다해볼게요."

그가 나를 위로하며 말했다.

"걱정 마세요. 우리는 여명학교 학생들만 있어도 합니다. 다른 연예인이 아무도 동참하지 않아도 우리끼리라도 할 겁니다."

당시 나는 개인적으로 많은 어려움이 있었지만 그의 위로의 말에 힘을 낼 수 있었다. 그리고 탈북 형제들에게 일일이 전화해서 콘서트를 하는 취지를 설명했다.

"차인표 씨 등 여러 연예인이 탈북 동포들을 위로하기 위해 뜻을 모았어요. 꼭 참석해주세요."

전화기 너머로 내 말을 들은 그들은 말을 잇지 못하고 울먹였다.

행사 당일이 되었다. 사흘 동안 연락했을 뿐인데 1,000명의 탈북 동포들이 콘서트에 왔고, 진보와 보수 진영으로 나뉘었던 신문사에서 앞다투어 감동적인 기사로 실어주었다. 50명이나 되는 연예인들이 "나는 탈북 동포들을 위해 함께 울겠습니다"라고 서약하자 탈북 동포들은 모두 감동의 눈물을 흘렸고, 여명학교 학생들은 자신들이 하나님의 역사에 쓰임을 받았다는 생각에 감격해했다.

이 모든 일이 단 사흘 만에 이루어진 건 사람이 할 수 있는 일이 아니었다. 당시 중국에서 잡힌 탈북 동포들이 안타깝게 모두 북송되었지만 한참 후에 알아보니 죽은 줄 알았던 우리 학생의 가족들은 하나님께서 안전하게 보호하시고 살리셨다.

다음 해, 라오스에서 9명의 탈북 아이들이 북송되는 사태가 언론에 알려졌을 때 전 세계의 여론이 즉각적으로 들끓었다. 결국 북한에서는 이들을 선전용으로 쓰기 위해 죽이지 않고 살려두었다. 이런 과정은 2012년에 여명학교 학생들과 차인표 씨를 비롯한 크리스천 연예인들이 함께했던 북송 반대 캠페인의 영향이 컸다.

몇 달 후 차인표 씨와 이런저런 이야기를 나누고 있는데 그가 웃으며 말했다.

"조 선생님, 얼마 전 중국에서 집회가 있었는데 제 비자가 나오지 않아 행사에 못 가게 되었어요."

그가 아무렇지 않게 웃는 걸 보면서 "Cry With Us" 공연 당시에 참석하기로 했던 연예인들이 소속사 때문에 못하겠다는 연락을 받았을 때가 생각났다. 당시 민망해하던 내게 그가 말했다.

"누군가를 도울 때 불이익이 있을 수 있죠. 그런데 그걸 감수해야 돼요. 그럼에도 불구하고 우는 사람과 함께 울어줘야죠. 그게 하나님께서 바라시는 거예요."

동생을 찾았대요

여명학교에서 일어나는 기적을 체험할 때마다 하나님의 역사 앞에 전율을 느끼고 마음의 자세를 바로 할 때가 많다. 하나님께서 이 작은 학교를 직접 운영하시고, 아이들의 통곡을 예민하게 들어주시니 사역자로서 게으름을 피울 수가 없다.

나이 많은 학생 중에 승민이라는 아이가 있었다. 아홉 살 때 세 살 터울의 여동생이 그가 장마당에서 가까스로 얻은 옥수수 빵을 달라고 졸랐다고 한다. 승민이는 배가 고파서 도망가면서 혼자 먹다가 뒤를 돌아보니 동생이 없어졌다고 했다. 아무리 찾아도 어린 동생은 어디에도 없었다. 그렇게 17년이 흘렀다. 승민이는 동생에 대해 늘 미안한 마음으로 지냈다.

2012년에 북송 반대 캠페인을 할 때였다. 승민이도 동생 생각에 캠페인에 동참했다. 혹시 북송될 거라는 사람들 중에 동생이 있을지도 모른다는 생각 때문이었다. 캠페인에 참여한 그는 한 방송사와 인터뷰를 했고, 참여 동기를 묻는 기자의 질문에 북송 위기에 있는 사람들이 자신의 동생처럼 생각되어 참여하게 됐다고 말했다. 그러면서 울며 그동안 하지 못했던 이야기를 했다.

"그때는 내가 어렸고 배가 고파서… 오빠가 정말 미안해…."

우느라 제대로 말을 잇지 못하는 아이 앞에서 나도, 취재하는 기자도 마음이 쓰리고 아팠다. 난 기도했다.

'하나님, 아버지이시죠? 저 눈물과 통곡 소리가 보이시고 들리시지요? 제발 이 녀석의 소원을 좀 들어주세요!'

난 아이들이 통곡하고 지쳐 쓰러져 울 때마다 하나님께 매달려 떼를 썼다. 그런데 그 기도를 한 지 6개월이 채 지나기도 전에 승민이에게서 전화가 왔다. 아이가 울먹이며 제대로 말을 잇지 못했다.

"국정원에서… 전화가 왔어요. 동생을… 찾았대요."

나는 국정원부터 다녀와서 이야기하자고 했고, 다음 날 승민이
가 나를 찾아왔다.

"선생님, 제 마음이 이상해요. 동생을 만났는데 놀라고 말이 안
나왔어요. 내 이름을 기억하냐고 겨우 묻고 대답만 하고 나왔어요.
미안하다는 말도 못했고요. 집에 와서야 눈물이 나오더라고요. 눈
물도 나오지 않았던 나와 동생이 가엾어서요. 그리고 제 기도를 하
나님께서 들어주신 게 감사해서…."

눈물을 흘리는 승민이를 다독이며 말했다.

"크게 놀라서 그래. 앞으로 함께할 날이 많으니 천천히 해."

한참 후에 승민이는 동생과 함께 여행 간 이야기와 맛있는 걸 먹
은 이야기를 했고, 그 끝에 의미심장한 말을 했다.

"제가 데려와서 키워야죠."

여동생은 고아원에서 자라다 중국까지 가게 됐다고 한다. 중국
농촌에 팔려가 아이를 낳고, 힘든 나머지 한국으로 도망 오게 된 것
이었다. 그렇게 한국에 입국하자마자 국정원에서 신분 정보를 입력
하다 먼저 온 엄마와 오빠를 17년 만에 만나게 되었다. 그런데 동
생은 중국에 두고 온 아들 걱정으로 힘들어했다. 그 모습을 보니
승민이의 마음이 먹먹해진 것 같다. 동생에게 진 빚을 갚기 위해 자
기가 열심히 돈을 벌어 중국에 있는 조카를 데려오겠다고 했다.

나는 그가 공부를 빨리 끝내길 원했지만 당시 승민이는 초등학

교 과정도 끝내지 못한 상태라 많은 시간을 공부해야 했다. 그래서 그는 학업을 포기하고 기술을 배우기로 했다. 여명학교에서 학업을 다 마치지 못한 걸 먼 훗날에 후회할지도 모르지만 동생을 위해 살고 싶다는 아이를 더 잡을 수 없었다. 자신 때문에 고생한 동생의 눈물을 닦아주고 싶다는 아이는 기꺼이 그 일에 자신을 희생하고 싶어 했다.

나는 하나님께 한 번 더 매달리며 기도했다. 이 아이의 기도를 들어주신 하나님께서 그의 앞날도 책임져달라고 아주 당연한 기도를 했다.

하나님을 경험하다

여명학교는 개교 바로 이듬해부터 재정 위기가 찾아왔다. 탈북 청소년들의 결핍과 결손이 워낙 컸기에 우리의 힘으로 비용을 다 감당할 수가 없었다. 그래서 후원은 하나님께 받는 것이라는 생각으로 후원의 밤을 하기로 결정했다. 행사를 준비하면서 나는 왠지 모를 기대감이 생겼다. 이것을 통해 여명학교의 학생들과 탈북 형제들이 위로를 받을 수 있게 될 거라는 생각이 들었다.

북한과 중국에서 식량을 구하며 도망다니느라 사람들 속에서 숨어야 했고, 사람들 앞에서 탈북자로 알려지기를 원치 않던 아이들이 후원의 밤을 통해 사람들 앞에 당당하게 자신을 드러내기 시작했다. 아이들은 그들을 다시 학생이 되도록 후원해주고 기도해주는 사람들에게 감사의 마음을 전하고 싶어 했다. 그리고 사람들에게 "잘 왔다"라는 격려를 받고 싶어 했다.

그런 아이들의 마음을 읽은 뒤부터 "여명학교 후원의 밤"을 "여명의 날"로 이름을 바꿨다. 나는 행사를 준비할 때마다 사람들이 적게 올까 봐 여기저기에 와달라는 부탁을 했다. 아이들이 포기하려고 할 때 손 잡아주고, 사고치고 싶을 때 안아줄 사람들이 여명학교의 선생님들뿐 아니라 또 다른 많은 사람들이 있다고 말해주고 싶었다. "너희들을 위해 많은 사람들이 기도하고 있으니 절대 포기하지 말라"라고 격려해주고 싶었다.

그러나 실제로 행사를 준비하면서는 많은 난관을 만났다. 일 년간 갈고 닦은 재능을 후원자들에게 뽐내야 하는데 생각대로 잘되지 않았다. 아이들은 악기도 노래도 한 번도 체계적으로 배운 적이 없어서 몹시 힘들어했다. 연습을 하면 할수록 부족함만 더 느낀 아이들은 리허설 때마다 덜덜 떨었다. 그런 아이들에게 공연이 시작되기 전에 차인표 삼촌이 와서 기도해주며 새벽기도 때 받은 말씀을 적어 와서 읽어줬다. 그 말에 아이들의 마음은 금세 따뜻해지고 힘을 얻었다.

여명의 날의 사회는 MBC 아나운서인 방현주 씨가 주로 맡아주었다. 내 인터뷰 기사가 실린 잡지를 보고 그녀가 내게 먼저 연락을 해왔다. 이 작은 학교 행사에 하나님께서 좌장이 되시고, 그 둘의 위로와 진행으로 한결 더 풍성해졌다.

행사 시작 30분 전까지 행사장 객석의 10분의 1도 채워지지 않지만 행사가 시작되고 나면 모두 채워지는 기적이 매번 일어났다. 당일 오후까지 못 와서 미안하다는 사람들의 전화에 발을 동동거리지만 하나님께서 500명, 1,000명, 2,000명 규모의 객석을 꽉 채워주셨다. 우리는 이 행사를 통해 하나님의 임재를 경험했다.

여명의 날은 탈북 동포 관련 행사 중 가장 큰 규모로 치러진다. 어떤 프로그램보다도 탈북 아이들 자체가 감동인 것 같다. 솔직히 행사 때마다 교사들이 주축이 되어 큰 행사를 치르고 나면 힘이 들어서 다음 해에 또 할 수 있을까를 고민하게 된다. 하지만 행사가 끝나고 돌아가는 탈북 동포들의 눈빛을 보면 아무리 힘들어도 또 해야 된다는 생각이 든다.

누구에게도 위로받지 못하고 위축되어 있는 탈북 형제들은 여명학교 아이들이 밝게 공연하는 모습을 보면서 위로를 받고 희망을 갖게 되는 것 같다. 그들의 눈빛 속에서 '여명의 날'이 '통일의 여명'이 될 수 있다는 걸 느낀다.

2014년 여명의 날은 차인표 씨의 특별한 간증이 더해졌다. 몇 달 전, 아내와 아이들이 먼저 미국으로 유학을 갔고, 그는 드라마 촬영이 끝나는 대로 미국에 들어가려고 계획하고 있었다. 그리고 촬영을 마친 후 미국에 들어간 상태였다. 그래서 11월에 예정돼 있는 여명의 날 행사에 참여하는 것을 두고 고민했다고 한다. 그때 '남한에 아이들을 보내고 북에 남은 가족이 여명학교와 그 후원자들에게 얼마나 고마워할까'는 마음이 들었다고 한다. 그러고는 바로 특가로 나온 이코노미석 항공표를 끊었다고 한다. 장시간 불편하겠지만 감수하자는 마음이었던 것이다.

그런데 티켓을 구매한 그다음 날, 한 은행에서 광고를 촬영하자는 요청이 들어왔고, 11월에 촬영하려고 하는데 한국에 올 수 있겠느냐고 물었다고 한다. 승낙을 했더니 바로 비즈니스석 비행기 티켓을 보내주어 그는 편하게 입국할 수 있게 되었다. 차인표 씨가 이 간증을 하며 말했다.

"하나님께서 여명학교를 정말 사랑하신다고 느꼈습니다."

학교에서 비행기표를 끊어줄 수 없기에 나는 행사에 와달라는 말도 차마 하지 못하고 있었다. 그런데 그가 먼저 헌신하겠다고 했고, 그 마음을 보신 하나님께서 비즈니스석으로 편하게 올 수 있게 해주셨다. 학교에 귀를 대고 계시는 하나님께서 하신 일들은 그날 모인 후원자들과 여명학교 아이들 그리고 나와 차인표 씨를 감동에 젖게 했다.

시간이 갈수록 자녀들을 여명의 날에 데리고 오는 분들이 늘었다. 그들이 말했다.

"통일에 대한 천 마디의 교육보다 여명학교의 학생들을 보며 자녀들이 통일을 꿈꿀 수 있고, 우리도 뭔가 뜻있는 일을 해야겠다는 생각이 들었습니다."

모든 일을 주관하신 하나님께서 여명학교의 학생들의 "내일 통일이 되도록 해주세요"라는 기도에도 곧 응답하실 걸 믿는다.

자랑스러운 아이들

고생만 하던 탈북 청소년들이 또래 아이들처럼 행복해하며 웃는 모습은 지리한 장마철 먹구름 사이로 보이는 해와 같다. 하루는 활짝 웃고 있는 아이들에게 물었다.

"얘들아! 남한에 와서 제일 좋은 게 뭐였니?"

아이들은 앞다투어 말했다.

"생활총화를 하지 않는 거요."

"어른들에게 매 맞지 않는 거요. 북한에서는 어른들이 아이들을 많이 때리거든요. 학교 선생님들도 화나면 때리고, 아버지도 선배들도 이유 없이 때렸어요. 친구들과도 매일 싸웠고…. 그런데 여기서는 누구도 때리지 않아서 신기하면서도 좋아요."

그때 한 아이가 말했다.

"하나님을 마음껏 믿을 수 있는 거요."

나는 그 말에 눈이 빨개졌다. 수업 시간에 한 아이가 '하나님을 경험했다'라는 게 무슨 뜻인지 질문한 적이 있었다. 나는 오히려 아이들에게 물었다.

"너희들은 여명학교에서 하나님을 경험한 적이 있었니? 일상생활에서 '하나님이 정말 계시는구나, 우리를 도와주시는구나'라고 생각한 적 있었니?"

한 아이가 대답했다.

"지난 여명의 날 행사 때요. 트럼펫을 불어야 하는데 힘을 아무리 줘도 소리가 나질 않았어요. 최종 리허설을 할 때도 소리가 나지 않아서 저 때문에 행사를 망칠까 봐 걱정이 많았어요. 그래서 기도했어요. 그러고 나서 무대에 올라갔는데 신기하게도 소리가 잘 나오더라고요. 후원자들도 모두 감동했는데 정말 감동한 것은 저였어요. 제가 제 실력을 알잖아요. 그때 '하나님께서 날 도와주셨구나'라고 느꼈어요."

옆에 있던 한 아이도 말했다.

"저는 그날 행사가 다 끝나고 후원자님들의 눈에 눈물 자국이 있는 것을 보고 우리를 사랑하는 사람들이 정말 많다는 걸 느꼈어요. 이게 바로 하나님의 은혜라고 생각했어요. 평상시에 여명학교의 선생님들이 저희를 사랑한다고 하시면 선생님들 눈에만 우리가 예쁜 것이라고 속으로 생각했거든요. 그런데 많은 사람들이 우리를 진심으로 귀하게 여겨주시니 기적 같았어요."

내가 아이들에게 말했다.

"선생님이 말했잖아. 너희들은 눈물 나게 예쁜 아이들이라고. 후원자님한테도 그런데, 하나님께서는 너희가 얼마나 예뻐보이시겠니! 선생님은 너희들 1명을 남한 아이들 100명하고도 안 바꿔!"

"에이! 정말요? 왜요?"

"선생님이 너희들에게 정말 감동했던 적이 많거든. 그런 감동은 남한 아이들한테는 받을 수 없는 거야!"

"에이! 무슨…, 괜히 우리를 위로하려고 그러시는 거죠?"

그러면서도 궁금한지 여기저기서 질문이 쏟아진다.

"어떤 때예요? 선생님만 우리에게 감동 받는 거죠? 남한 사람들은 모르잖아요."

내가 아이들을 응시하며 말했다.

"너희들도 꽃동네에 가봤지? 그곳의 수녀님들이 얼마나 많은 자원봉사자들을 만났겠니? 그곳에 계신 분들은 자원봉사자가 오는 게 일상이니까 그들에게 감동받기가 쉽지 않거든.

어떤 분의 대변을 처리해야 하는데 다른 자원봉사자들은 도망가거나 피하는데 너희 선배들은 장갑을 끼고 묵묵히 치웠대. 또 어떤 분의 밥을 먹어주는데 줄줄 흘리는 것을 다 닦아드리며 잘 먹이더래. 그래서 수녀님이 울면서 감동했다고 말씀하시더라고. 그때 정말 나는 마이크에 대고 큰소리로 자랑하고 싶었어."

아이들 중 한 명이 기대에 찬 눈빛으로 물었다.

"어떻게 자랑하고 싶으셨어요?"

아이들은 모두 일제히 고개를 들고 나를 쳐다보았다. 내가 힘껏 손바닥으로 가슴을 치면서 "저 아이가… 제 아들입니다"라고 하자 아이들이 웃으며 말했다.

"선생님, 저희 때문에 가슴에 피멍드시겠슴다."

"그것뿐이 아냐. 샘물 호스피스라고 들어봤어?"

"네, 알아요. 우리가 늘 일 년에 한 번씩 가는 곳이잖아요."

"그곳에 계신 죽음을 앞두신 분들이 얼마나 몸과 마음이 아프고 힘드시겠니? 오히려 우리가 봉사한다고 왔다 갔다 하면 성가시지 뭐!"

"그런데요?"

"그곳의 원장님도 너희들을 칭찬하셔서 또 내가….."

한 아이가 "또 가슴 때리셨어요? 우리 때문에 정말 피멍이 드시겠네"라고 말했다.

"너희, '쪽방 도배'라고 아니? 선배들이 남한 청년들과 쪽방에 도배를 하러 갔었어. 그런데 한 청년이 너희들의 선배 이야기를 인터넷에 올렸더라고. 아이고, 참 내가 그런 거 쓰지 말라고 했는데 우리 애들 예쁜 거 쓰다 보면 한도 끝도 없는데….."

"뭐라고 썼는데요?"

"도배를 다 끝마치고 나오는데 거기 사는 할머니에게 선배가 자기 주머니에 있는 전부를 주고 나왔다는 거야. 15,000원 정도 밖에는 되지 않았지만 그 선배의 일주일치 용돈이었거든. 함께 도배했던 남한 청년이 바깥에서 기다리는데 그 선배가 하도 안 나와서 들어가보니 할머니께 돈을 드리느라고 실랑이를 하고 있었대. 그 모습을 보고 자신이 부끄러웠다고 하면서 너희들의 선배가 존경스러웠다고 하더라고. 이쯤 되면 나만 느끼는 게 아니라는 걸 알겠지?"

아이들은 빙긋이 웃으며 말했다.

"우리가 고생을 해 봐서 인정은 좀 있지요."

"다른 건 다 가르쳐줄 수 있지만 마음만큼은 가르쳐줄 수가 없는 거야. 그런데 너희들은 누구보다도 마음이 예쁘잖아. 내가 보기에도 이런데 하나님 보시기에는 얼마나 예쁘시겠니. 그래서 내가 하나님 께서 너희들에게 주시는 사랑의 부스러기라도 받으려고 너희들 옆 에 딱 붙어 있는 거야. 하나님께 이 엄마를 좀 부탁해주라!"

내 말에 아이들은 스르르 표정이 풀리며 웃고 만다.

한 걸음씩 성장하다

한번은 방송인 김제동 씨가 아이들을 만나러 학교에 온 적이 있 었다. 그는 아버지를 일찍 여읜 후 어머니가 재혼하여 자신을 버릴 까 봐 무서웠다며 어린 시절을 솔직히 말했다. 아이들도 식량난 때 문에 중국으로 떠난 엄마가 자신들을 버릴까 봐 두려워했던 같은 아픔을 가지고 있었다. 아이들은 그의 말에 크게 공감하며 그가 어 떻게 고난을 이겼는지, 지금은 어머니와 어떤 관계인지, 어떻게 가까 워졌는지 질문하기 시작했다.

그는 자기가 잘할 수 있고 좋아하는 일에 집중하며, 어머니를 이 해하려고 노력하고 불쌍하게 여기면서 회복되었다고 차근차근 설 명해주었다. 아이들이 그에게 말했다.

"우리는 공부도 적응도 잘 못하는데 찾아와줘서 고마워요."

그는 그 말에 깜짝 놀라며 말했다.

"너희가 잘 못하고 힘들게 했다면 여기에 계신 선생님들이 계속 가르치실 수 있겠니? 이 분들도 너희들이 예쁘고 좋으니까 여기에 계신 거야. 힘든 것보다 좋은 게 더 많으니까. 안 그래요, 선생님?"

그러면서 그는 나를 쳐다보았고, 나는 자신 있게 대답했다.

"그럼요! 물론이지요."

그는 자신의 어려웠던 어린 시절의 이야기로 아이들을 위로했고, 솔직한 고백에 아이들은 그를 신뢰하며 행복했다.

여명학교에 통일부 장관이 방문했을 때였다. 장관께 질문하고 싶은 학생들은 선정해놓았지만 질문에 대해서는 미리 확인하지 않았다. 나는 아이들을 믿었기 때문에 그럴 필요가 없다고 생각했다. 통일부 장관을 자신들의 보호자로 생각하는 탈북 청소년들은 그를 만나자 질문하기 시작했다. 그중 공부도 잘하고 자존감이 높은 우영이가 조심스럽게 물었다.

"통일 후에 우리가 북한을 돕겠다고 가면 북한 인민들이 우리를 받아줄까요?"

통일부 장관님과 어른들이 깜짝 놀랐다. 장관님도 "북한이탈주민에게서 이런 말을 듣기는 처음이네. 우리가 고민해봐야 할 문제구나"라고 말했다.

우영이는 진심으로 북한 사람들을 돕고 싶지만 그들이 가장 아파할 때 자신은 풍요로운 남쪽에 있었다는 게 미안한 듯했다. 그리고 그런 자신이 북한 사람들에게 상처가 될까 봐 걱정했다. 상처로 아파하고 힘들다고 투정만 부릴 것 같던 아이들이 이 땅에 와서 많은 사람들의 사랑과 관심을 받으며 조금씩 회복되고 성장하는 걸 보게 된다.

현실적이고 이타적인 아이들

고3 학생들의 수업 시간에 꿈을 발표하는 시간이 있었다. 민숙이가 나와서 자신의 꿈은 공무원이라고 말했다. 안정적인 직업이라 그렇게 말했을 거라고 생각했는데, 아이는 뜻밖의 이유를 말했다.

"제가 남한에 와서 제일 감격했던 순간은 대학을 합격했을 때도, 장학금을 받았을 때도, 영화관을 처음 갔을 때도, 맛있는 걸 먹었을 때도 아니었어요. 처음 대한민국 신분증을 발급받아 제 손에 받아 든 순간이었어요."

우리에게는 아무것도 아닌 일상이 그들에게는 의미 있고 소중한 것이었다. 민숙이는 중국에서 신분증 없이 불법 체류자로 살면서 늘 가슴을 졸였다. 중국에서 사고로 죽어도 하소연할 데 없이 처참하게 취급되는 탈북 형제들을 보면서 빨리 어디라도 가서 떳떳한 국민으로 살고 싶었다고 했다. 그러다 남한에 왔고, 자신의 이름이 새겨진 주민등록증을 받았던 날을 잊을 수 없었던 것이다. 그때 신분증을 발급해준 사람이 천사처럼 보였다고 한다. 그래서 자신도 신분증을 발급해주는 공무원이 되는 꿈을 꾸게 되었다고 했다. 내가 말했다.

"민숙아, 남한 사람들은 신분증을 발급해주는 일을 일상적인 업무로 생각하는데, 정말 너는 그 일을 하면 행복하겠니?"

"네, 전 정말 행복할 것 같아요."

민숙이가 그 꿈을 꾸게 된 것은 약자들에게 꼭 필요한 것을 지원해주는 천사가 되고 싶다는 소망 때문이었다.

유리는 치위생사가 꿈이라고 했다. 북한에 있을 때 할머니가 치통으로 많이 고생하셨다고 한다. 유리도 치통으로 고생을 많이 했지만 북한에서는 한 번도 치과 치료를 받아야겠다는 생각을 하지 못했다고 한다. 경제적으로 어렵기도 했고, 북한의 치과 치료 기술이 발달하지 못했기 때문이다.

그러다 한국에 와서 치과에 단 한 번 다녀왔는데 그동안 자신을 괴롭히던 치통이 사라졌다고 했다. 하지만 여전히 북한에서 치통으로 고생하고 있을 할머니 생각에 치위생사가 되고 싶다는 꿈을 꾸게 된 것이다. 통일이 되어 북한의 아픈 사람들을 치료해주고 싶다고 했다.

많은 고생을 한 끝에 남한에 입국한 탈북 청소년들은 다른 사람의 도움이나 하나님의 은혜로 이곳까지 올 수 있었기에 대부분 남을 돕고 싶어 했다. 많은 아이들이 사회복지사나 간호사나 영양사가 되는 게 꿈이었다.

자신이 만난 사람들 중에 좋은 인상을 받았던 사람들처럼 되고 싶어 하기도 했다. 하나원 선생님, 탈북민 담당 형사, 동사무소 직원, 하나센터(초기 정착 지원기관) 직원, 여명학교 교사, 선교사, 목사 등 꿈도 점점 다양해지고 있다.

예전에는 힘있는 사람이 되고 싶어서 경제학과에 갔던 경우도 있었다. 또 목회자를 꿈꾸는 아이들도 의외로 많았다. 아이들은 기업의 총수나 정치인들을 높은 계층의 사람들이라 생각했다. 그런데 그들이 다른 사람들에게는 고개를 숙이지 않는데 목사님들에게는 예우하는 걸 보고 목회자가 가장 힘 있는 사람이라고 생각한 것이다. 그러나 아이들이 시간의 여유가 생기고 시험에 부담이 없어지면서 직업을 다양한 각도에서 보게 되었다. 사람들에게 도움이 되는 일을 하고 싶다는 꿈을 꾸게 됐다. 초기에 진로를 선택하던 무모하고 이기적인 동기에 비하면 지금은 매우 현실적이고 이타적으로 바뀌어가고 있다.

성산이의 대학 적응기

여명학교 학생들이 축산 현장으로 직업 체험을 간 적이 있었다. 그때 축산학과에 다니는 선배인 성산이가 강사로 나와 후배들을 격려하며 말했다.

"여러분, 남한의 대학교에서 적응하려면 선배든 후배든 먼저 다가가 친해지려고 노력하세요. 그리고 그들이 북한에 대해 욕하더라도 속상해하거나 화내며 싸우지 말고요."

자신이 경험한 걸 의젓하게 말하는 아이를 보며 선생님들은 속으로 무척 대견해했다.

성산이는 북한에서 3대째 믿는 기독교 집안에서 태어나 북한 내륙 지역으로 쫓겨나 살았다. 학교에서 국경 지역으로 '혁명유적지 탐방'을 갔는데, 그 틈에 탈북하여 하나님의 은혜로 남한에 무사히 입국했다. 북한에서 모범생이었던 그는 거기서 하던 방식대로 하면 될 거라고 생각하고 열심히 공부했다. 그리고 정치외교학과나 경찰학과의 입학을 목표로 세웠다.

그런데 학년이 올라가면서 어려움이 생겼다. 열심히만 해서는 안 된다는 걸 깨달았다. 북한식으로 정답을 통째로 외우며 공부하던 방식이 자신의 생각을 논리적으로 정리하거나 반대 의견에 대안을 만들어 설득시키는 과정이 수반되어야 하는 남한식 교육 방법에 맞지 않았다. 문제를 아무리 자세히 설명해주어도 본인에게 정리해보라고 하면 어려워했다.

그러다 북한에 계신 부모님들과 연락이 닿았다. 성산이는 기쁘면서도 혼자 남한에 와 있다는 죄책감에 부모님께 빨리 도움이 되어야 한다는 생각으로 지방전문대의 축산학과에 진학했다. 대학교에 입학하기 전에 TV에서 남북이산가족 상봉을 보고는 여명학교 선생님에게 통일전망대에 함께 가달라고 부탁했고, 그곳에 가서 북쪽을 한참 동안 바라보고 돌아왔다고 한다.

대학교에 입학하고 얼마 지나지 않아 선생님에게 전화를 한 성산이는 아무 말도 않고 엉엉 울기만 했다. 한참을 울고서 진정이 된 후에 이야기를 풀어놓았다. 자신이 많이 부족하다는 걸 알고 있었기에 자신보다 어린 친구들에게 음료수도 사주며 친하게 지내려고 애썼다고 한다. 모르는 것은 열심히 물어보면서 3.70점 이상의 높은 학점을 받을 수 있었다고 한다.

학교 생활에 어느 정도 자신감을 찾아갈 즈음에 같은 과에 군대를 다녀온 복학생들이 들어왔는데, 성산이와 동갑인 그들은 해군과 해병대 출신으로 연평도와 백령도 부근에서 군 생활을 했던 애국심이 높은 학생들이었다. 그들은 재학생들 앞에서 종종 군대 이야기를 했는데, 공교롭게도 천안함 피격과 연평도 사건에 대해서 자주 말했다고 한다. 매우 강한 어조로 "북한 자식들, 나쁜 녀석들" 하면서 무용담처럼 군대에서 겪은 그 사건들을 말했던 것이다.

북한 정권에 대한 비판이었음에도 불구하고 성산이는 꼭 자신에게 욕한 것처럼 기분이 나쁘고 속상했다고 한다. 그래서 본인이 북한 출신이어서 욕먹는 것도 싫고, 억울하기도 하여 숨죽이고 있다가 서러운 마음에 선생님에게 전화를 한 것이었다.

며칠 후 그가 학교로 찾아와 말했다. 선생님들의 위로를 받아 다시 힘을 내서 잘해보자는 마음이 들었다고. 방학 중에 하는 윈터스쿨(겨울 보충수업)을 할 때 그가 찾아왔다. 한 선생님이 물었다.

"대학에 어떻게 잘 적응할 수 있었니?"

"매일 음료수를 사들고 가서 무조건 가르쳐달라고 친구들에게 부탁했어요. 그리고 힘든 일은 다 맡아서 했고요. 저희 과에는 동물을 해부하는 과목이 있는데, 소는 교수님이 잡아주시지만 부위별 해부는 저희가 해야 하거든요. 그리고 돼지, 개, 오리, 닭 등은 저희들이 다 잡아야 하는데, 남한에서 공부만 하던 학생들이 어떻게 잡을 수 있겠어요? 저는 북한에서 배고파 아버지를 따라서 개를 몇 번이나 잡아봤기에 어렵지 않았죠. 그래서 친구들 몫까지 제가 대신 해줬죠."

선생님이 말했다.

"정말 대단하다. 그럼 그 과목 점수는 잘 나왔겠네."

성산이가 머리를 긁적이면서 말했다.

"저도 그럴 줄 알았는데 성적을 보니까 'C'학점이 나왔더라고요. 교수님께 점수를 좀 올려달라고 말씀드렸더니 제가 해부는 잘했는데 부위별 이름을 잘 못 외웠대요. 그래서 점수를 올려줄 수가 없다고 하시더라고요."

옆에서 밥을 먹으며 듣던 내가 말했다.

"야! 너 또 쓸개를 '열'이라고 하고, 소장을 '벨'이라고 썼지?"

그러자 성산이가 멋쩍은 듯 웃었다.

기부 바자회를 열다

2014년 겨울, 밤늦게까지 도서관에서 공부하는 학생들을 보러 갔다. 학생회 임원들이 열심히 뭔가를 논의하던 중 갑작스럽게 찾아온 나를 보고는 반가워했다. 속으로 '오늘 간식비가 좀 나가겠구나' 하고 생각하는데 아이들이 뜻밖의 이야기를 꺼냈다.

"선생님, 뉴스를 보니 경제가 어려워서 연탄 기부가 많이 줄었대요. 가난한 할아버지와 할머니들이 더 힘들어졌다고 하더라고요. 그래서 '여명의 날' 행사가 끝나고 학교에서 바자회를 할까 하는데요. 북한 음식도 만들고 여러 물품들도 팔아서 어려우신 분들께 연탄을 기부하고 싶어요. 그런데 저희가 바자회를 해본 적이 없으니 좀 도와주세요."

나는 흐뭇함을 감출 수가 없었다.

"너희들, 정말 멋지구나. 선생님이 교회의 청년부를 섭외해줄게. 남한의 청년들과 함께하며 배워 봐!"

그러고는 근처에 있는 성도교회의 목사님께 부탁을 드렸다. 목사님이 당회를 설득하여 바자회를 할 수 있게 해주셨는데, 그날이 마침 성탄절이었다. 나는 잠시 망설였지만 주님도 아이들의 마음을 잘 아시니 주님의 생신날 성전에서 '판'을 벌이는 무례함을 예쁘게 봐주실 거라고 생각했다. 그런데 아이들의 마음은 정말 컸지만 음식 솜씨나 물품이 그 큰 마음을 따라가질 못했다. 북한에서 굶다가 온 아이들은 음식을 제대로 할 줄 몰랐고, 아무것도 없이 시작한 남한 생활이라 딱히 기부할 물건도 없었다.

그래서 나는 내 페이스북(facebook)에 바자회 소식을 알렸다. 그랬더니 여기저기에서 물품들이 들어오기 시작했다. 아이들은 기말고사 중임에도 학교에 택배가 도착할 때마다 촉각을 곤두세웠다.

"선생님, 지금 배달 온 거 혹시 바자회 물건인가요?"

형편이 어려운 할머니와 할아버지들에게 더 많은 연탄을 후원하고 싶기 때문이었다. 그런데 하나둘씩 물품들이 쌓여가자 이번에는 팔리지 않을까 봐 걱정하기 시작했다. 그도 그럴 것이 남한 학생들처럼 웃으며 강매할 친구나 가족들이 없기 때문이었다. 아이들을 다독이며 내가 말했다.

"하나님께서 이런 좋은 물건들을 보내주셨으니 사람들도 많이 보내주실 거야. 걱정하지 마."

드디어 성탄절 아침, 여명학교 학생들은 성도교회에서 '독거노인들을 위한 연탄기부 바자회'를 열었다. 바자회를 준비하면서 나는 거의 돕지 않고 안내만 해주며 말했다.

"우리가 몸으로 헌신하더라도 우리부터 헌금하면서 시작해야 그일이 잘될 수 있어."

바자회 당일인 크리스마스에 성탄 예배가 끝나고 갑자기 성도들이 몰려나오자 아이들이 어쩔 줄 몰라 했다. 남들 앞에 좋은 일로 서본 적이 별로 없던 아이들은 갑자기 주눅이 들었다. 그 모습을 보고 나는 기도했다.

'예수님 생신에 죄송합니다. 그래도 그 어느 생신상보다 더 기쁘게 우리 아이들의 마음을 받아주실 줄 믿고 열심히 팔겠습니다. 저희에게 기적을 허락해주세요.'

기도를 마치고 나는 물건을 들고 소리 내어 팔기 시작했다.

"1개에 3천 원, 2개에 5천 원입니다! 바디 워시하고 깨끗하게 삽시다! 40대가 먹으면 20대가 되는 여성 영양제!"

처음에는 아이들이 내 모습을 보고 웃더니, 갑자기 자기들도 소리를 내어 팔기 시작했다. 정말 열심히 팔았고, 하나님께서는 많은 사람들의 마음을 움직이셨다. 거의 모든 물품이 다 팔려서 목표액인 300만 원의 세 배인 1,000만 원 가까이 모금이 되었다. 우리는 마무리 기도를 하며 하나님께서 베풀어주신 은혜에 감사의 눈물을 흘렸다.

모두가 평화롭고 행복하게 살고 있을 때 남들이 모르는 그늘 저편에서 추위와 배고픔과 외로움에 떠는 사람들이 있다는 걸 잘 알기에 아이들은 최선을 다했고, 하나님께서는 성탄절에 우리에게 기적을 베푸셨다.

9

하나님이 원하시는
통일

급박한 변화의 물결

2011년 12월 19일, 나는 한 방송국에서 직원들에게 강의를 하고 있었다. 그런데 갑자기 강의를 듣던 PD들이 급하게 어디론가 나갔다. 강의 도중에 다들 자리를 뜨니 당황스러웠다. 그때 한 PD가 내게 말했다.

"선생님, 지금 북한 방송에서 김정일이 죽었다고 발표했답니다. 다들 특별방송을 만들러 나가는 겁니다. 죄송해요."

순간 여명학교의 아이들이 걱정되어 나도 급히 학교로 갔다. 학교에 가보니 음악이 흘러나왔고, 아이들이 웅성댔다. 대여섯 명의 학생들이 강당에서 춤을 추고 있었다. 내가 들어서자 한 아이가 춤을 추며 말했다.

"선생님, 기쁘죠? 중국에 식량을 구하러 갔다는 이유로 저를 때리고, 엄마를 돈에 팔려가게 하고, 아버지를 굶어 죽게 한 사람이 죽었대요."

그런데 그 모습이 춤이 아니라 온몸에 있는 한(恨)을 털어내는 몸부림 같았다. 한 아이는 나직이 말하다 말끝을 흐렸다.

"기분이 이상해요. 좋지도 나쁘지도 않고 어떻게 표현해야 할지 모르겠어요. 장군님이 돌아가셨다는 게…."

이를 본 다른 아이가 말했다.

"북한처럼 울어줘라. 너라도 울어줘."

내가 말했다.

"굳이 표현할 필요 없어. 편하게 있어. 여기서는 아무도 너희에게 그런 거 요구하지 않으니까 걱정 마."

나는 가장 최근에 입국한 아이에게 괜찮냐고 물었다.

"김정일이 일찍 죽은 것 같아요. 마음을 바꾸고 통일을 위해 힘쓰다 가길 바랐는데 이대로 죽어버렸으니 역사에는 영원히 나쁜 사람으로 남는 거잖아요. 또 그의 어린 아들이 뭘 알겠어요?"

"그래, 하나님께서 김정일이 회개하고 통일을 위해 애쓸 시간을 주지 않으시고, 또 그 아들에게는 정치적 성과를 내어 명실상부한 후계자로 클 수 있는 시간도 주지 않으신 거지. 하나님의 통일 시계가 그전보다 빨리 돌고 있는 것 같구나."

여러 매체에서 실시간으로 쏟아지는 소식을 들으며 북한이 아주 급박하게 변하고 있음을 알게 되었다. 비교적 객관적인 자료를 토대로 통일의 시기를 예측하는 연구 기관들이 늘어나면서 통일이 성큼 다가오고 있는 걸 느낀다. 또 탈북 형제들을 통해 듣는 북한 이야기가 매우 실제적이라 정신이 번쩍 든다. 요즘은 그들이 탈북하는 동기도 많이 변하고 있다.

"주체사상이요? 사상이 밥 먹여주나요? 형편이 좀 나아졌다고는 하지만 언제 또다시 힘들어질지 몰라 늘 불안해요. 미래도 없고요. 마침 먼저 온 가족들이 불러서 탈북했어요."

김일성 삼부자에 대해서도 "김일성은 대단한 사람, 김정일은 싫은 사람, 김정은은 나쁜 사람"이라고 평가하기도 한다. 이는 내가 처음 북한 사역을 시작했던 1990년대 중반의 상황과 비교해보면 천지가 개벽한 수준으로 변화한 것이다. 당시 중국에서 탈북자들을 돕던 나는 굶주린 그들이 가엾어서 이렇게 말했었다.

"에휴, 김정일이 인민들에게 밥만 먹여줬어도 내가 인정했을 거야. 최소한 미워하지는 않았을 거야."

그러자 이 말을 듣던 한 탈북자가 화를 버럭 냈다.

"어떻게 장군님의 이름을 함부로 부를 수가 있습네까?"

내가 깜짝 놀라 말했다.

"원래 자기 인생은 자기가 책임지면서 살아야 하는데, 스스로 책임지지도 못하게 하고 어버이 수령만 바라보게 해놓고는 이제 책임도 지지 않잖아. 그러니 오늘의 이 식량난과 굶주림은 너희들이 게을러 일하지 않아서 생긴 게 아니라 김정일의 책임이라는 거야."

그러면 그들은 점점 기어들어가는 목소리로 말했다.

"그 말은 맞지만 장군님한테 함부로 하는 건 뭔가 잘못하는 것 같아요."

그러다 한참 후에 다시 말했다.

"우리가 그때는 왜 그렇게 살았을까요? 그 안에서는 그게 당연한 줄 알고 살았어요. 그곳을 떠나오는 순간부터 서서히 알게 된 모든 게 충격이었죠."

김정일이 사망하고 정권을 세습한 김정은은 부인 리설주와 함께 있는 모습을 언론에 자주 노출시켰다. 이를 본 탈북 청소년들이 말했다.

"TV 뉴스를 보다가 김정은과 리설주가 함께 있는 것을 보면 정말 자유롭고 행복해 보여요. 그 행복과 자유는 우리 인민들이 상상도 할 수 없는 거죠. 북한의 인민들은 그들을 '어버이'라고 부르는데 원래 어버이는 자식의 행복을 위해 살지 않나요? 그런데 북한의 어버이는 자녀들에게 신경도 쓰지 않는 것 같아요. 이제 인민들도 그들을 보면서 더 이상 어버이라고 생각하지 않아요. 어버이의 나이도 아니고, 어른들께는 철없는 자식처럼 보이잖아요."

장마당 경제와 정치적 변화

북한의 장기화 된 식량난은 모든 걸 바꾸어놓았다. 그중에서도 체제 의존적이던 북한 주민들을 변하게 하고 있다. 시간이 지날수록 장마당을 통해 장사를 하면서 경제적으로 자주성이 생기기 시작했다. 최근에 탈북한 한 형제가 말했다.

"경제 정책을 이랬다저랬다 하니까 인민들이 기본적으로 나라의 정책을 불신해요. 화폐개혁 때문에 북한의 화폐는 값어치가 떨어졌고, 오히려 중국 화폐를 더 알아줘요. 장마당도 풀었다 단속했다 했는데 이제는 통제를 할 수 없을 정도로 늘어나 속수무책이죠. 그래서 지금은 400여 개나 생겼대요. 인민들은 생활에서 필요한 물건을 모두 장마당에서 구입해요. 또 웬만큼 머리가 돌아가는 사람들은 다 장사를 하죠. 그러다 보니 중국 사람들이 돈을 엄청 벌었죠. 그들이 당 간부의 부인들과 연합해서 '돈주'(우리말로는 전주[錢主])가 되어 상권을 다 잡고 있거든요. 그래서 북한에서도 남한의 갑부처럼 사는 사람들이 많이 생겼어요. 북한 당국도 이런 상황을 아는지 '유연한 집단주의'라고 하더라고요."

이렇게 실질 경제가 변화하다 보니 절대 변하지 않을 것 같던 정치도 변화하기 시작했다. 내가 가장 놀란 건 북한 인민들을 체제 유지의 최전선에서 감시 활동을 하는 보위부들의 해이해진 근무 형태였다. 여명학교의 한 학생이 말했다.

"사람들이 남한의 드라마나 영화를 볼까 봐 보위부에서 수시로 집집마다 단속을 하는데, 제가 탈북하기 전에 저희 집에 들어온 거예요. 추운 날 팔짱을 끼고 들어오더니 춥다며 안방의 따뜻한 아랫목에 앉더라고요. 그러면서 '야! 록화기(녹화기) 한번 틀어봐라'라고 얘기하는 거예요. 겁나기도 해서 북한의 홍길동전을 틀어줬더니 '지금 장난하냐? 남조선의 알판(CD) 없냐'라고 해서 가족이 놀라서 어쩔 줄 몰라 했죠. 한참을 망설이다가 남한 연속극인 〈천국의 계단〉을 틀어줬어요. 한참을 재미있게 보더라고요. 다 보고 다른 것도 구해 놓으라고 하고 갔어요. 그때 정말 황당하고 웃겼는데 부모님이 '북한 체제가 이제 막바지인 것 같다'고 하시더라고요."

옆에서 듣던 한 아이가 말했다.

"제가 북한에 있는 엄마에게 돈을 보냈는데, 돈 한 푼 없던 엄마가 이것저것을 사는 것을 보위부에서 수상히 여겨서 엄마를 취조하려고 붙잡았대요. 엄마가 끌려가면서 '이제 난 어떡하냐'라며 울먹이니까 보위부원이 '그래도 동무는 희망이라도 있잖소'라고 이야기했대요. 딸이 남한에 있어서 희망이 있다는 소리를 보위부원의 입으로 들으니 엄마가 얼마나 놀랐겠어요. 취조를 계속 당하면서도 속으로는 웃기더래요."

나는 입국하는 탈북 청소년들을 통해 북한의 변화를 듣곤 하는데 종종 그들의 혜안(慧眼)에 감탄할 때가 있다. 한번은 최근 북한 경제가 인민들이 스스로 경제 문제를 해결해가면서 회복되고 있다는 느낌이 들어 학생들에게 말했다.

"식량난은 다 해결된 것 같고, 굶는 사람도 거의 없는 걸 보면 북한도 이제 안정을 찾아가고 있는 것 같아 다행이다."

그랬더니 한 아이가 말했다.

"그게 더 무서운 것 같아요. 죽을 고비를 겪어낸 사람들은 그 일을 쉽게 잊지 않아요. 그건 거의 신경병(정신병, 트라우마) 수준이에요. 조금만 불안해도 또 어려워지지는 않을까 하고 늘 힘들어해요. 그러니 김정은도 기존과 다른 무언가를 자꾸 보여주며 안정을 시키려고 하겠죠. 그리고 잘못한 사람들을 더 혹독하게 처벌할 거고요. 식량난으로 죽을 고비를 넘긴 사람들은 겉으로는 티 안 나게 살 궁리를 하면서 누구도 믿지 않을 거예요. 게다가 김정은이 고모부인 장성택까지 죽였으니 누가 충성하겠어요? 언제 죽을지 모르는데⋯. 이제 북한에서 '절대 충성'이라는 말은 없어졌어요."

다른 아이가 말했다.

"인민들이 고난의 행군 때 겪은 경험이 있기 때문에 정부만 믿다가는 죽는다는 걸 알죠. 그래서 스스로 살 궁리를 하게 되고, 정부의 통제는 한계가 곧 올 거예요. 죽을 고비를 넘긴 사람들의 두려움이 폭발하면 어떻게 변할지 아무도 모르죠. 아마 북한 정권도 그게 가장 두려울 거예요."

나는 북한이 안정을 찾아가는 외향을 보고, 잠시 통일의 쉼표를 찍고 있었음을 회개하게 되었다.

통일 연수를 가다

아이들을 사랑하는 데 있어서 가슴뿐 아니라 머리로도 해야 한
다는 생각이 들었다. 잘 알아야 이해할 수 있고, 그래야 더 많이 사
랑할 수 있기 때문이다. 그래서 배울 수 있는 기회가 주어지면 어디
든 가서 배우려고 했다. 뒤늦게 대학원에 입학하여 수업을 제대로
따라가지 못해 어린 동료들과 교수님들을 많이 귀찮게 했다. 그러
면서 남한에 와서 공부하는 탈북 학생들의 마음을 더 이해할 수 있
었다.

6년 전 동독 출신의 메르켈 수상을 배출한 독일의 기독교 민주당
의 정당단체인 '콘라드 아데나워 재단'을 만나게 되면서 독일 통일
과 관련된 프로그램에 참여하며 열심히 배웠다. 우리의 미래가 이들
의 과거이기 때문이다. 물론 남한과 북한의 상황과 서독과 동독의
상황은 매우 다르지만 동서의 차이를 딛고 하나가 되는 과정은 우
리에게 시사해주는 바가 클 것이기에 배우고 싶었다.

열심히 배우려는 내게 아데나워 한국지부장은 여러 기회를 주었
다. 독일에서 유명한 석학들이 오면 개인적으로라도 초대하여 그들
에게 배울 수 있는 기회를 주었다. 그들 중에는 남북한의 현실을 볼
때 통일이 아직은 멀었다고 말하는 사람도 있었다. 하지만 한국지
부장은 생각이 좀 다르다고 말했다.

독일이 통일될 당시 그는 유명 언론사의 젊은 기자였다고 한다.
1989년 11월 6일, 서독의 콜 수상이 10명의 전도유망한 기자들을

불러 함께 오찬을 했는데 자신도 초대되었다고 한다. 당시 동독에서는 교회를 중심으로 월요촛불집회가 한창이었기에 한 기자가 콜 수상에 물었다.

"통일이 언제 될 것 같고, 또 언제 되어야 이득입니까?"

콜 수상이 답변했다.

"통일은 지금부터 준비하여 짧게는 10년, 길게는 30년 후에 되도록 준비해야 할 것입니다. 준비를 더 많이 해야 통일할 때 어려움이 적을 것입니다."

그리고 정확히 3일 후인 11월 9일에 베를린 장벽이 무너졌다. 아데나워 한국지부장이 말했다.

"역사의 큰 사건은 인간이 의도한 대로 되는 게 아니고, 보이지 않는 손에 의해 결정되는 것 같습니다. 그렇기 때문에 우리는 열심히 준비해야 합니다."

그는 내게 더 많은 기회를 주려고 했고, 급기야 장학생으로 추천할 테니 6개월간 독일에서 통일 과정을 배워보라는 제안도 했다. 감사했지만 학교의 자리를 비울 수 없는 상황이어서 정중히 거절했다. 대신 함께 일하는 젊은 교사들과 독일의 통일 과정을 배우고 싶으니 항공료는 우리가 부담하는 조건으로 연수를 보내달라고 부탁했다. 그 제안을 하고 6개월 후에 기적이 일어났다며 아데나워 한국지부장이 전화를 했다.

"선생님의 간곡한 부탁이 있기는 했지만 재단의 장학 제도를 마음대로 바꿀 수 없는 노릇이라 고민만 하고 있었어요. 그런데 지난 5월에 캄보디아 연수단이 독일 연수 프로그램을 취소했기에 대신 여명학교 선생님들의 연수를 제안했는데 극적으로 성사됐지 뭡니까! 무료로 모든 프로그램이 제공될 것입니다. 게다가 제 친구인 전 통일연구원 박사님이 통역을 맡아서 해주기로 했습니다."

그렇게 여러 사람들의 배려로 여명학교의 사회 선생님과 국사 선생님과 함께 2014년 7월에 독일 연수를 가게 됐다. 우리는 집권당의 든든한 지원으로 일반인들이 쉽게 볼 수 없는 자료와 최고의 전문가들을 만나며 연일 감사하게 배울 수 있었다.

우리는 서독 출신으로 통일 직후 동독에서 지내며 성공한 마그데부르크의 시장과 교육부장관, 김나지움(인문계 중등교육기관)의 교장을 만났다. 그들은 힘들었지만 "통일은 감사한 선물"이라고 고백했다. 자신들과 동독 사람들이 너무 달라 때로는 서독으로 돌아가고 싶을 때도 많았지만 기도하며 그 힘든 시기를 버텼다고 했다. 서독의 기독교인들은 동독의 형제들을 사랑했기에 인내할 수 있었고, 열심히 동독과 동독 형제를 알아가며 섬겼기에 지금의 모습으로 성장시킬 수 있었다.

그런 성과들과 오늘날 동독의 모습을 보며 그들은 만족하고 보람을 느끼고 있었다. 비록 그들이 서독인으로서 동독인에게 다가가는 방법이 서툴고 부족했더라도 진정성 있는 모습으로 인내하며 겸손히 배워갔던 결과가 오늘의 모습인 것이다.

우리는 동독 출신으로 성공한 국회부의장과 마그데부르크의 행정장관과 교육부 관료들도 만났다. 그들은 통일의 과정을 한마디로 "트랙터를 타고 가면서 그 안에서 스포츠카를 만들어내는 심정"이었다고 말했다. 또 어떤 사람은 "동독의 머리를 잘라내고 서독의 머리를 달아야 했다"라고까지 표현하여 그들의 어려움을 짐작할 수 있었다.

그러나 그들은 "통일의 과정에서 어려움과 혼란이 존재했지만 이는 우리가 이겨내야 할 고난이었다. 그 고난을 지난 통일 독일은 유럽에서 가장 튼튼한 나라가 되었다"라고 말했다. 동독인들에게는 통일이 고난이었을 것이다. 그러나 징계가 아닌 성장을 위한 고난이었다고 그들은 고백했다.

미리 보여주신 희망

우리는 마지막으로 동독 출신으로 교육 현장에서 통일을 겪어낸 교사들을 만날 기회가 있었다. 25년간의 이야기를 풀어내는 그들의 모습에서 남모를 수고가 느껴졌고, 그 사이에는 서러움과 서운함이 묻어났다. 나는 그들에게 우리가 독일에 오게 된 이유를 설명했다.

"저희가 독일에 온 이유는 독일이 통일되는 과정의 노하우를 잘 배워서 나중에 우리가 통일이 됐을 때 북한에 가서 그들을 잘 도와주고 싶어서입니다."

이런 우리를 보고 그들은 힘주어 말했다.

"당신들이 가지 말고 북한 사람들을 초대하세요!"

우리는 뭔가에 얻어맞은 듯 그들을 바라보았다. 서독 사람들이 동독에 와서 아무리 겸손하게 그들의 말을 들어준다고 해도 그 마음 한편에는 그들보다 우월한 위치에서 가르치려고 한다는 것이다. 그런 서독인들의 태도가 자존심이 강한 그들을 25년이 지난 지금까지 섭섭하게 한 것이었다.

내가 그들에게 조심스럽게 말을 건넸다.

"저희는 북한 형제들을 돕고 싶습니다. 그러나 우리의 방법이 오히려 그들에게 상처를 주게 될까 봐 먼저 통일을 이룬 여러분들께 배우러 온 것입니다."

그때까지도 팔짱을 끼고 있던 동독 선생님들이 다소 누그러진 모습으로 말했다.

"북한 사람들이 스스로 할 수 있도록 기회를 주세요. 당신들이 가지 말고 그들을 불러서 가르쳐주세요. 그들이 갈망하고 있는, 여러분들이 그렇게 베풀고 싶은 진정한 자유를 그들이 스스로 만들어가며 마음껏 누릴 수 있도록 말입니다. 그리고 통일이 되어서 북한에 가려거든 온 가족이 모두 가서 그곳이 고향이라고 생각하며 지내세요. 어떤 혜택을 받기 때문에 가족과 떨어져 일을 하러 오는 게 아니라 그곳이 자신들의 삶의 터전이라고 생각하고 가족 모두와 함께 사십시오."

아무리 좋은 거라도 스스로 이뤄낸 풍요와 민주주의가 아니면 주인으로 살 수 없다고 했다. 그런 상태에서는 아무리 많은 지원을 해도 동독인들이 그랬던 것처럼 북한 사람들도 섭섭해하게 되고 통합의 비용이 더 커질 거라고 충고했다. 동독인들을 이웃이자 친구로 대하기보다는 돈벌이의 대상으로 여겼던 일부 서독인들의 모습을 되뇌이며 동독 출신 교사들은 우리에게 조언했다.

나는 많은 것들을 반성하며 우리가 가야 할 방향을 수정할 수 있게 되어 감사했다. 그러나 한편으로 '지금 남과 북의 상황이 이러한데 어떻게 북한 사람들을 불러서 배우게 한단 말인가'라고 생각하다가 문득 탈북 형제들이 생각났다. 하나님께서 통일 전에 우리에게 선물처럼 보내주신 여명학교의 학생들을 포함한 그들이 우리의 희망이라는 걸 깨닫게 되었다. 그들이 스스로 할 수 있도록 기회를 주고 배우게 하는 게 우리가 하는 것보다 훨씬 크고 의미 있는 일이며, 통일을 준비하는 가장 좋은 대안이라는 걸 말이다.

독일 연수 중에 나는 독일 사람들이 과거(나치 정권의 만행)를 대하는 태도에 감동했다. 일상에서도 독일인들에게는 과거에 대한 통렬한 회개와 진심 어린 미안함이 있었다. 유태인 대학살을 잊지 말자며 경고비(警告碑)를 가장 번화한 곳에 만들었다. 그것을 통해 끊임없이 스스로를 불편하게 하며 '피고인의 나라'였음을 잊지 않으려고 했다. 과거의 잘못보다 그것을 잊어버리는 게 더 부끄럽고 추함을 그들은 알고 있었다.

이런 모습에서 난 독일이 막대한 통일 비용에도 불구하고 유럽의 실질적 경제 강국이 될 수 있었던 이유를 알게 됐다. 진심으로 겸손하게 무릎을 꿇는 그들의 회개를 받으신 하나님과 주변국들이 그들을 용서했기 때문이다. 나는 독일 통일의 기술이 아니라 그 나라의 철학과 하나님의 섭리를 배웠다.

내가 독일에 연수를 가 있는 동안 월드컵이 한창이었다. 독일은 통일이 되고 처음으로 월드컵에서 우승을 했고, 준결승전에서는 축구의 강호인 브라질과 경기하여 7 대 1로 크게 이겼다.

나는 동독 지역에서 독일의 우승을 동서독 출신의 사람들이 하나가 되어 자유롭게 웃으며 기뻐하는 모습을 보며, 곧 북한에서도 여명의 아이들과 그 가족들이 하나 되어 즐거워하는 모습을 보고 싶다고 하나님께 기도했다.

성령 통일을 위해

하나님은 '우리의 아버지'라고 늘 말하는 것처럼 북한 주민들에게도 아버지이시다. 그분이 북한에 있는 자녀들이 고난을 겪는 모습을 즐기실 리가 없다. 이 고난을 오래 겪도록 놔두실 리가 없다. 북한의 자녀들은 식량난이라는 고난을 통해 눈을 뜨고 그것으로 인해 하나님을 기억해냈다. 그들은 죽음의 문턱에서 하나님께 기도하기 시작했고, 그 기도의 양은 충분히 차고 있다.

나는 통일이 정치적인 일이라고 생각하지 않는다. 하나님의 의지의 일로 생각한다. 하나님의 의지가 있는 사역에 우리가 함께하기를 서원하면 그분께서 기뻐하시고 함께하신다. 통일이 우리의 일인 양, 인간의 정치적인 산물 인양 생각하고 하나님을 간과한다면 그것이야말로 재앙일 것이다.

신앙적으로도 그렇지만 경제적, 정치적으로도 우리 민족의 살길은 '통일'이다. 성장의 한계에 다다른 남한의 경제와 점점 이기적으로 변하는 사람들, 그리고 돌파구가 없이 정쟁만 오가는 정치적 상황에서 젊은이들이 마음껏 일할 수 있으며 민족과 역사에 도움이 되는 보람 있는 일을 할 수 있는 장이 마련되어야 한다. 우리의 이기심이 희석되고 함께 어울려 잘 살 수 있는 환경이 조성되어야 한다.

세계에서 유래를 찾기 힘든 경제적 성장을 이룬 남한은 우리의 노력에 하나님의 은혜가 더해져 발전을 이룩했다. 이러한 자산을 우리만을 위해 쓰는 게 아니라 다른 이들과 나누고 섬기는 데 쓴다면 하나님께서 여태껏 그러셨던 것처럼 주는 자에게 더 큰 은혜를 베풀어주실 것이다. 그것이 하나님 안에서 지속가능하게 부(富)를 유지하는 비밀이다.

통일은 나눠서 가난해지고 힘들어지는 게 아니라 나눠서 30배, 60배, 100배로 열매를 맺고 부유해지고 행복해지는 것이다. 하나님께서 함께하신다면 말이다. 하나님께서는 에베소서 1장 9,10절에서와 같은 통일을 준비하고 계신다.

그 뜻의 비밀을 우리에게 알리신 것이요

그의 기뻐하심을 따라 그리스도 안에서

때가 찬 경륜을 위하여 예정하신 것이니

하늘에 있는 것이나 땅에 있는 것이

다 그리스도 안에서 통일되게 하려 하심이라

앞서 통일된 국가들을 살펴보면 통일의 모델들이 이미 다 이뤄졌다. 현재 남한식 통일(평화적 통일)의 사례가 '독일의 통일'이고, 북한식(공산 통치) 통일의 사례가 '베트남의 통일'이라고 할 수 있다. 그리고 이 형태가 연합된, 두 정부 간의 합의를 통해 통일이 된 모델이 '예멘의 통일'이다.

하나님께서는 이미 통일의 여러 모델을 우리에게 보여주셨고, 마지막으로 우리를 통해 '성령 통일'을 이루려고 하신다는 생각이 든다. 그래서 그분이 원하시는 통일을 이루기 위해 북한에 큰 고난을 허락하신 것이다. 그것이 이 땅을 향한 하나님의 특별하고 크신 계획이다. 아무리 어려워도 앞서 간 사람들이 실패하고 실수하고 시행착오를 겪어내며 이를 극복하고 성공하는 이야기들이 있어 이를 참고할 수 있다면 훨씬 쉬워질 것이다. 그리고 그 모든 것에 하나님의 의지가 있다면 비록 지금은 힘들어도 민족을 위한 일이기에 감사하며 기쁘게 감당할 수 있을 것이다.

우리가 되어야 할
그들의 이야기

나는 종종 하루가 48시간이었으면 좋겠다고 생각한다. 한 해 한 해 지날수록 해야 할 일도 늘어나고, 관리자로서 일해야 할 때가 더 많다. 하지만 나는 바닥이 좋다. 아이들과 눈을 맞추며 말하고, 힘든 이야기를 들어주고, 함께 문제를 풀어나가다 보면 아이들의 얼굴과 마음이 이내 풀어지고 행복해한다. 난 그 모습이 정말 좋다. 늘 아이들과 함께하고 싶다. 그래서 내 하루가 짧게 느껴진다.

한정된 시간 속에서 선생님이기보다 학교의 운영 전반을 살피는 관리자로서의 역할을 선택해야 하는 게 안타까울 때가 많다. 내가 가장 잘하는 게 탈북 청소년들의 마음을 읽어주고 하나님의 방법으로 그 한을 풀어내는 일이다. 학교 후원 모금이나 운영과 관련된 행정적인 일을 하다가 힘이 빠지면 나는 아이들에게 간다. 그리고 하나님께서 이곳에 보내주신 그들을 보고 다시 힘을 얻는다.

내 앞에 있는 한 아이에게 말했다.

"정말 감사하지? 너를 그 고난 중에서도 이곳에 보내셔서 이렇게 만나게 하셨으니 말이야! 네가 목숨 걸고 오지 않았다면 내가 목숨 걸고 만나러 가야 했을 텐데, 나 대신 어린 네가 와줘서 정말 고맙고 미안해.”

그러면 아이는 '선생님께서 왜 갑자기 뜬금없는 이야기를 하시나' 하는 눈치이다가 이내 내 눈을 보고는 미소를 감추지 못한다.

요즘 "통일을 준비해야 한다"라는 말을 많이 한다. 그러나 준비는 마음이 있어야 한다. 인간적이고 계산적인 마음이 아니라 하나님의 마음을 알고 닮아가며 그분의 눈으로 바라본다면 '따뜻한 통일'을 준비할 수 있을 것이다. 물론 탈북 동포들과 함께하며 통일을 준비하는 일은 쉽지 않다. 세상에서 나 하나 먹고 사는 일만 해도 쉽지 않다.

믿음이 있음에도 어떤 사람들은 이렇게 말한다.

"통일이 오히려 재앙이 될 수 있다. 충분히 준비한 다음에, 시간이 더 많이 흐른 뒤에 해야 한다."

이성적이고 옳은 말 같지만 여기에는 '하나님'이 빠졌다. 우리가 원하든 원치 않든 하나님께서 원하시기에 통일은 우리의 시점이 아니라 그분의 시점에서 이뤄질 것이다. 그리고 남한의 많은 사람 중에 통일이 나중에 되게 해달라고 기도하는 사람을 아직 보지 못했다. 그렇게 기도하는 사람들이 있더라도 그것은 이기적인 기도이다. 내가 만난 거의 모든 탈북 형제들은 "통일이 빨리 되어 사랑하는 가족을 살릴 수 있게 해달라"라고 간절히 기도한다.

나는 통일이라는 하나님의 사역에 많은 사람들이 기도하며 기대했으면 좋겠다. 이것은 하나님께서 원하시는 것이며 우리의 미래를 위한 것이기에 힘들지만 보람 있고 가치 있는 일이다. 연약하여 천국의 증표를 구하는 우리에게 먼저 보낸 작은 예수가 탈북자들이라고 생각한다.

사회에 잘 적응하지 못하고 힘들어하는 모습에 그들의 진정한 모

습이 가려져 있을지라도 들을 귀가 있는 사람들과 볼 수 있는 눈이
있는 사람들이 그들의 진면목을 알아보고 함께 통일을 준비했으면
좋겠다.

사랑으로 행군하다

초판 1쇄 발행   2015년 5월 11일
초판 4쇄 발행   2019년 8월 23일

지은이   조명숙

펴낸이   여진구
책임편집   김아진
편집   안수경, 이영주, 최현수, 김윤향
디자인   마영애, 노지현, 조아라, 조은혜
기획·홍보   김영하   해외저작권   가은혜
마케팅   김상순, 강성민, 허병용   마케팅지원   최영배, 정나영
제작   조영석, 정도봉   경영지원   김혜경, 김경희

이슬비전도학교   최경식   303비전성경암송학교   박정숙
303비전장학회 & 303비전꿈나무장학회   여운학

펴낸곳   규장

주소   06770 서울시 서초구 매헌로 16길 20(양재2동) 규장선교센터
전화   02)578-0003   팩스   02)578-7332
이메일   kyujang0691@gmail.com   홈페이지   www.kyujang.com
페이스북   facebook.com/kyujangbook   인스타그램   instagram.com/kyujang_com
카카오스토리   story.kakao.com/kyujangbook
등록일   1978.8.14. 제1-22

ⓒ 저자와의 협약 아래 인지는 생략되었습니다.
이 출판물은 저작권법에 의해 보호를 받는 저작물이므로 무단 전재와 무단 복제를 할 수 없습니다.

책값   뒤표지에 있습니다.
ISBN   978-89-6097-406-7   03230

이 도서의 국립중앙도서관 출판시도서목록(CIP)은 서지정보유통지원시스템 홈페이지(http://seoji.nl.go.kr)와
국가자료종합목록구축시스템(http://www.nl.go.kr/kolisnet)에서 이용하실 수 있습니다.
(CIP제어번호 : CIP2015012763)

규 | 장 | 수 | 칙

1. 기도로 기획하고 기도로 제작한다.
2. 오직 그리스도의 성품을 사모하는 독자가 원하고 필요로 하는 책만을 출판한다.
3. 한 활자 한 문장에 온 정성을 쏟는다.
4. 성실과 정확을 생명으로 삼고 일한다.
5. 긍정적이며 적극적인 신앙과 신행일치에의 안내자의 사명을 다한다.
6. 충고와 조언을 항상 감사로 경청한다.
7. 지상목표는 문서선교에 있다.